スマホ世代の子どものための**情報活用能力**を育む

情報モラルの授業 2.0

今度珠美・稲垣俊介 著
原 克彦・前田康裕 監修

JN205833

日本標準

■ はじめに

目白大学教授
原 克彦

　前書『スマホ世代の子どものための　主体的・対話的で深い学びにむかう　情報モラルの授業』の発刊からわずか2年ほどの間に、インターネットを中心とした情報社会に新たな課題がいくつも生じました。印象に残っているのは、個人情報の取り扱いに関するさまざまな考え方です。例えば、SNSなどのサービスを使っていると、利用者の十分な確認なく、蓄積されたさまざまな情報が分析され、価値ある新しい情報が創造され、利益に結びつけることができるという考え方です。そこには、利用者の多くが規約内容を十分に理解せずに利用していたという問題もあります。SNSは、子どもたちの身近なツールの一つです。子どもたちが利用している情報機器やサービスが、今どのような仕組みになっていて、問題点は何で、今後どのように対応する必要があるかについて、小学校高学年程度から話し合い、さまざまな考えがあることを理解することが必要だと考えます。

　本書は2名の著者が、「動画投稿アプリ」や「SNS」、「メッセージアプリ」などのサービスを中心に、子どもたちの身近なところで起きている問題に焦点を当て、積極的に使いこなすための知恵と態度を身に着ける指導案を紹介しています。情報社会の新たな問題に立ち向かい考え抜くことができる子どもたちに育つことを願っています。

熊本市教育センター主任指導主事
前田康裕

　前書は、授業の進め方がわかりやすく示されているばかりでなく、教材がダウンロードして入手できるという画期的な良書でした。

　それに続く本書は、今の時代に合った形でさらにバージョンアップされた内容になっています。動画サイトは数年前よりもはるかに気軽にアップできるようになっていますし、SNSは仲間同士に限らずさまざまなグループや団体での連絡手段として一般化しています。また、スマートフォンの所有率が上がる一方で、依存症の問題も深刻化しています。本書はこうした問題を真正面から取り上げています。

　また、「してはいけない」「こうするべきだ」という一つの価値を押しつけるのではなく、「状況に応じて子どもたちが、想像力を働かせて自分で答えを導くような学習展開」がなされている点も本書の特長の一つです。これからも社会は急速に変化していくことでしょう。使う機器も状況もさまざまに変化していくことが予想されます。未来を生きる子どもたちは、社会や状況の変化に対応して、自分で考えて答えを導き出していく力が求められるのです。そのような力を育むためにも、この本は多くの学校で役に立つ一冊となることでしょう。

もくじ ▶

本書の使い方 ▶

Step 1 実施する授業を選ぶ

- アンケートを実施し、児童生徒の実態をつかみます。
- 実態に応じて、実施する授業を選びます。

授業	題材目標	対象学年
実践事例▶1 **動画サイトを見るときは**	動画サイトを視聴するうえで、動画サイトの特性を理解し、生活リズムや安全面を検討する。また、利用にあたって、守るべきことを考え、より良い視聴の仕方を考える。	小学校1〜3年
実践事例▶2 **決めた約束を守るには**	身近な事例をもとに、インターネット利用の約束が必要な理由と、履行するためにはそれぞれの立場でどのような判断や態度が必要なのかを考える。	小学校4〜6年
実践事例▶3 **動画投稿アプリとのつきあい方**	動画投稿アプリを利用、動画を視聴するうえで、その特性を理解し、安全な利用の仕方を検討し、必要な規則を守ることができる。	小学校5年〜 中学校2年
実践事例▶4 **SNSのグループについて考えよう**	グループ機能の安易な利用が思わぬトラブルにつながることを知り、上手に利用するためにはあらゆる立場の人に配慮し、皆が気持ちよく使うためのルールが必要であることを理解する。	小学校5年〜 中学校2年
実践事例▶5 **インターネット接続機器の 上手なつきあい方を考える**	インターネット接続機器を利用するうえで、その特性を理解し、生活リズムや安全面を検討する。また、利用にあたって、守るべきことを考え、より良い利用の仕方を考える。	小学校5年〜 中学校
実践事例▶6 **SNSのコミュニケーション**	対面でのコミュニケーションの重要性を改めて話し合うための機会とする。SNSのコミュニケーションと対面でのコミュニケーションの違いについて検討することで、対面でのコミュニケーションの重要さを再認識させる。	中学、高校
実践事例▶7 **クラスグループの是非**	クラスでメッセージアプリによるグループを作る際に、入りたい人や入りたくない人がいる場合、入れたい人や入れたくない人がいる場合について検討をして、よりよいメッセージアプリのグループの運営について検討する。	中学、高校
実践事例▶8 **自分スマホ利用調査**	自分のスマートフォンなどの利用状況を客観的に確認することで、適切にインターネット利用ができているかどうかを自分で判断させる。そして、有意義なスマートフォンの利用ができるようになる。	中学、高校

Step **2** # 授業の準備

- 本書Webサイトの URL（6ページに掲載）から、授業で使用するスライド資料をダウンロードします。
- また、実践事例に掲載しているワークシートや保護者用の文書もダウンロードし、印刷します。（保護者用文書は、学校名を入れてお使いください。）

Step **3** # 授業の実施

- 「授業の展開」にそって、授業を実施します。各実践例に掲載している略案も参考にしてください。

教師の発問・発言。

重要な発問

授業のポイント、キーとなる発問です。

ここがPOINT

授業のポイント、キーとなる教師の発言です。

Step **4** # 保護者との共有

- 保護者用の文書を配布し、授業の内容や家庭での事後指導を保護者と共有します。
- 学習したことを、家庭で話し合うことをうながしたり、ワークシートの感想記述欄に書いてもらったりするなど、保護者との共有をはかります。

● **本書Webサイトからの資料ダウンロードについて**

1. 本書WebサイトのURL

資料提供サービスサイト ▶
https://www.nipponhyojun.co.jp/johomoral2.0/

※ 本サービスは、本書「スマホ世代の子どものための 情報活用能力を育む 情報モラルの授業2.0」をご購入いただいたお客様への、資料提供サービスとなっております。

※ ダウンロードした資料を授業や講義等で使用する場合、授業や児童生徒の実態に合わせて改変してご利用いただくことができますが、無断での複製・配布等はご遠慮いただきますようお願いいたします。
また、資料内で使われている、イラストなどの著作物を、上記とは別の目的で使用したり、改変したりする等はご遠慮いただきますようお願いいたします。

2. 上記サイトよりダウンロードできる資料について

❶ **授業で使用するスライド資料**

（本書に掲載しているスライド資料は、すべてダウンロードできます。）

❷ **保護者向け文書**

（実践事例1〜5用。授業の後、文書を配布し、授業の内容や家庭での事後指導を保護者と共有します。）

❸ **事前アンケート**

（児童生徒用、保護者用とあります。授業実施の前にアンケートをとり、実態をおさえます。）

❹ **授業で使用するワークシート、振り返りシート**

❺ **本書89〜93ページ掲載の、「ネット利用のセキュリティガイド（保護者向け）」「帰りの会カード」「インターネット利用についてのアンケート（中学生、高校生向け）」**

※ 本書に掲載しているワークシート類、アンケートなどは、もれなくダウンロードできます。

※ 2ページにわたるアンケートやワークシートは、表裏で印刷してください。

※ 90〜91ページの「帰りの会カード」は、実践事例1〜6ごとにダウンロード、印刷できるようにしてあります。必要な枚数を印刷してご使用ください。

未来社会を見据えた情報モラル教育

◉ 情報活用能力を育む

　本書は、新しい情報モラルの授業デザインを提案します。

　前書『スマホ世代の子どものための主体的・対話的で深い学びにむかう　情報モラルの授業』では、スマホ世代ともいえる現代の子どもの実態に即した情報モラル教育の授業を提案しました。本書では、一歩進めて「情報社会に生きる市民の一人としての日常モラルの基礎と、情報活用能力を育む学び」として授業を提案します。

　情報社会を経てSociety5.0といわれる未来社会へ向かう現代、インターネットの利活用はもはや日常の行為であり、小学生でもメディア・メッセージの発信者として社会に影響を与える可能性が生まれています。

　新学習指導要領（小学校および中学校：平成29年3月告示）では「学習の基盤となる資質・能力」として言語能力、情報活用能力、問題発見・解決能力が併記されています。そして『小学校学習指導要領解説　総則編』『中学校学習指導要領解説　総則編』（ともに文部科学省、2018年）では、情報活用能力は、

　「世の中の様々な事象を情報とその結びつきとして捉え、情報及び情報技術を適切かつ効果的に活用して、問題を発見・解決したり自分の考えを形成したりしていくために必要な資質・能力である」

としています。

　ここでの情報活用能力は、滅多に使わない能力ではなく日常的な利活用を前提としています。現代では、インターネットを利用して情報を得る、コミュニケーションをやり取りする行為は日常の行為となっています。しかし、これまで情報モラルでは、それを「特別な行為」として日常と切り離して捉える傾向がありました。情報活用能力の構成要素である情報モラルは、インターネットの危険性を強調する学びではなく、メディア・ツールの日常的な利活用を前提とした学びとする必要があります。現実的な課題や日常の困難な問題に柔軟に対応できるか、価値観の違いに配慮できるか、ICTを効果的かつ責任をもった使い方ができるか、といった日常の基礎ともいえる市民道徳（モラル）を育む教育として捉えていく意識改革が必要なのです。

　では、ここで述べた「日常モラルの基礎と、情報活用能力を育む情報モラル教育」の実現には、どのような要素が必要なのでしょう。

本書では、「主体的な学び」「対話・議論する学び」「特性を良さに生かす」の3つの要素を提案しています。

▶ 主体的な学び

　1つ目の要素として、未来を見据えた情報社会に必要な主体的な学びを提案します。

　未来社会では、さまざまな先端技術が普通に生活の中へ取り入れられ、個々の生産性が向上していきます。しかし、新しい社会が到来しても人が操作する社会に変わりはなく、AIなど新たなテクノロジーを上手に利活用し、社会問題を解決していく一人となるためのモラル（倫理観）は必要となります。そこで本書では、人と人がテクノロジーを介して情報をやり取りする際、必要となる取り決めや作法について考え、判断し、自己決定できるよう、児童生徒が主体的な学びを展開できる構成を提案しています。

　例えば、実践事例3「動画投稿アプリとのつきあい方」では、動画投稿アプリの利用で、承認や応答欲しさに投稿がエスカレートする事例をもとに、利用の際に必要な取り決めについて検討します。実践では、登場人物それぞれの立場に立ち、葛藤場面を作ります。児童生徒は、「友人より人気者になりたい」「負けたくない」から承認が欲しいと思い、個人情報の投稿も「'いいね'が増えるなら仕方がない」と考えます。しかし、「相手はどう思うか」という他者の気持ちを考え、振り返るという展開を踏まえ、気持ちよく利用するために必要なルールについて思考し自己の判断を整理していきます。

▶ 対話・議論する学び

　2つ目の要素として、対話・議論するジレンマ教材を提案します。

　従来の情報モラル教育では、「悪口の投稿は良くない」「仲間外しは良くない」とまとめることがありました。しかし、現実にはさまざまなジレンマがあります。悪口に加担しなければ自分が外される可能性がある場合、学んだように行動できないことも予想されます。また、「写真や個人情報の投稿は慎重に」と理解していても、友人と投稿を競うことで悪口や個人情報の公開などがエスカレートし抑制が効かなくなることもあります。

　このような困難な知見を情報モラル教育で取り扱うには、価値観の違いや対立を多様な視点から「対話・議論して学んでいく」学習が不可欠となります。リアルな状況設定であり、解決が難しい問題を題材とし、どのような方針でその問題に対応するのが適切かを対話・議論することで、考えを深めます。

　対話・議論する学びのポイントは、「コミュニティには異なる価値観、多様な文化的背景の人が集まるから、その違いに配慮しながら対話を進める大切さを知る」ことにあります。自分の捉え方は決してスタンダードではなく、価値観は異なることがあり、その違いに配慮しながら必要な選択に結びつけることを学びます。この学びを繰り返すことで、経験や習慣、技術で解決できないような場面に直面したとき、互いの合意形成を図りながら新たなルール（規則）を作り、実行できるようになるのではないかと考えます。

　例えば、実践事例2「決めた約束を守るには」では、決めた約束を履行できないジレンマの

事例をもとに、約束を守るために必要な判断について検討します。展開では、登場人物の行動が理解できるかできないかを議論し、次に、なぜ約束は必要なのか、難しい状況に遭遇した時にはどのような判断が必要となるのか、について検討します。議論を積み重ねることで受け止め方は人によって異なると気づき、その違いに配慮しながら、どのような新しいルール（規則）が必要か、という判断へと結びつけていきます。

▶ 特性を良さに生かす

3つ目の要素として、ソーシャル・メディアやツールの特性を良さに生かそうとする態度を身につけ、ソーシャル・メディアを仲介した人と人との善き関係の構築に必要な規則へと結びつける学びを提案します。

インターネットには「公開性」「拡散性」「記録性」という特性がありますが、情報モラルでは、これを悪い特性と教えがちです。しかし、これからの情報社会を生きるためには、「特性の良さを生かす使い方」と「自身の行いの永続的な影響」を意識し、その気づきを「善き使い手になるために必要なスキルと知識」に結びつけることができる学びが必要です。

例えば、実践事例6「SNSのコミュニケーション」では、SNS上でのコミュニケーションのメリットとデメリットについて検討します。SNSのさまざまな特性を意識し、その特性にはどのような良さがあり、同時に課題や影響を生み出すのかを検討します。対面でのコミュニケーションとの比較も加え、SNSの効果的かつ責任をもった善き利用につなげるための要件について生徒自身が考えていきます。

▶ 授業を実施するにあたって

本書の使い方はとてもシンプルです。まず、実践前にクラスごとにアンケートを実施し、実態をつかみます。次に、実態を踏まえて目次から必要な教材を選び、実践します。各実践事例には、指導の流れ、略案、ワークシートが用意してあります。本書ウェブサイトには授業用のスライドデータも置いてあります。実践事例1〜5には、保護者と学びを共有できるワークシートや保護者宛文書も用意しました。

そして、実践後には振り返りシートや付録の「帰りの会カード」を活用し、学びを繰り返し確認します。振り返りの機会をもつことで理解を深め、実生活で学んだことを生かすことができるようになります。

また、付録の保護者向けの「ネット利用のセキュリティガイド」は、保護者のネットトラブルの防止や安全な利用のためにぜひご活用ください。

情報モラル教育は保護者との連携が欠かせません。「子どもは言ったようには育たない。見たように育つ」とも言われます。本書が，保護者が善きモデルとなるために必要な家庭での関わり、振り返り、そして安全な利用についても考える一助になれましたら嬉しく思います。

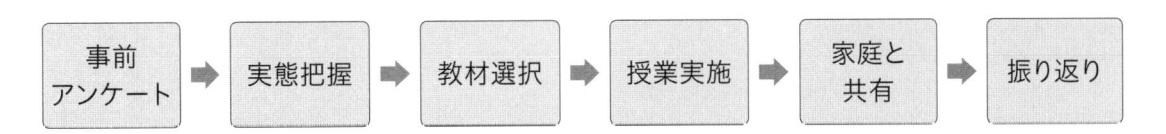

事前アンケート ➡ 実態把握 ➡ 教材選択 ➡ 授業実施 ➡ 家庭と共有 ➡ 振り返り

● 小学校 1〜3 学年

▶ 動画サイトを見るときは

題材目標

動画サイトを視聴するうえで、動画サイトの特性を理解し、生活リズムや安全面を検討する。また、利用にあたって、守るべきことを考え、より良い視聴の仕方を考える。

● この教材の目指すもの

　内閣府「平成30年度青少年のインターネット利用環境実態調査報告書」（2019年3月）によると、6歳児のスマートフォン利用率は69.4%（格安スマートフォン、機能限定スマートフォン、子ども向けスマートフォン含む）、タブレット利用率は56.1%（学習用タブレット、子ども向けタブレット含む）となっています。利用内容は動画視聴が86.1%と最も多く、ゲームの63.0%と続きます。インターネット利用時間は低年齢層でも長時間化の傾向にあり、情報モラル教育も低学年から計画的に実践する必要があります。

　本学習では、低学年児童がよく視聴している動画サイトとの上手なつきあい方について考えます。動画サイトは見ることが悪いのではなく、「約束を守って視聴することで、楽しく安全に利用することができる」ことを理解できるようになることが大切です。ただし、低学年の利用には個人差があります。動画サイトの視聴を推奨する授業とならないように留意してください。

● 事前の準備

・プレゼンデータ（Webサイト参照）は、スライドを印刷して黒板に掲示してもよい。低学年ではキーシーンの掲示が望ましい。

・低学年では、インターネット機器の利用は個人差が大きいので、事前に「保護者アンケート」（本書Webサイト参照）を実施し、実態を把握しておく。

・2、3年生は、ふりかえりシート（本書17ページ）も印刷しておく。

資料ダウンロード用URL ▶

https://www.nipponhyojun.co.jp/johomoral2.0/

授業の展開

1 導入 ⏳ 5min

スライド01

動画サイトを見るときは

動画サイトを見るときは

👤🎤 自分で使うことができるスマートフォン、タブレット、ゲーム機が家にありますか。 **01**

自分で使うときの約束を決めていますか。どんな約束ですか。

発言を板書

👤🎤 今日は、動画サイトの上手な使い方について考えます。

動画投稿アプリを使ったことのある人もない人も、その上手（適切）な使い方をみんなで話し合いましょう。

今日の学習には宿題があります。それは、今日学んだことを家族に伝え、話し合うという宿題です。「学んだことの何を伝えようか」をよく考えながら学習するようにしましょう。

2 展開 ⏳ 30min

スライド02

動画サイトを見るときは

お話を聞いて考えましょう。

👤🎤 「ミクシくんは小学校3年生です。動画サイトが大好きです。使うときはタブレットを家族から借りて使っています。はじめに宿題をしました。その後、時間を30分と決めて、時間がわかるようにして動画を見始めました。動画を見ていたら怖い動画が出てきました。家族に画面を見せて大丈夫かどうか確かめてもらいました。30分たちました。タブレットを家族に返しました。」 **02** **03**

👤🎤 ミクシくんのタブレットの使い方のお話を聞いて、良い使い方だと思ったことを発表してください。 **04**

発言を板書

スライド03

動画サイトを見るときは

ミクシくんは3年生です。
動画サイトが大すきです。
家族からタブレットをかりて見ています。

宿題をして、時間を30分と決めて動画を見ました。
こわい動画が出てきたときは家族に画面を見せました。

30分たちました。タブレットを家族に返しました。

※ミクシくんの学年は、実施学年に応じて変更してください。

- ・宿題を先にしてから使っているのが良いと思った。
- ・時間を決めて使っているのが良いと思った。
- ・怖い動画が出てきたら家族に相談していたのが良かった。

👤🎤 なぜ良いと思ったのですか。

- ・だらだら使っていたら夜遅くまで使ってしまうから。
- ・宿題を後回しにしたら宿題をするのが嫌になるから。
- ・怖い動画を見ていたら悪いサイトに行ったりお金を取られたりするかもしれないから。

スライド04

動画サイトを見るときは

ミクシくんの使い方を聞いて、よい使い方だと思ったことを発表しましょう。
なぜ、そう思ったのですか。

重要な発問 📢 では、ミクシくんの使い方をもとに、自分の使い方について考えてみましょう。皆さんは、どのような良い使い方をしますか。 **05**

（注意）使っていない子にも配慮し発問する。

例えば、 **06**

- ・使う時間がわかるために工夫をしていますか。
- ・スマホやタブレットを見る場所を決めていますか。
- ・宿題やしなければいけないことは先にしていますか、後にしていますか。

スライド05

スライド06

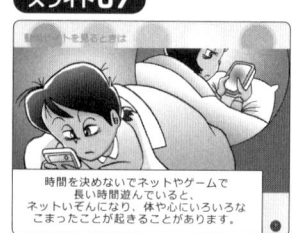

スライド07

スライド08

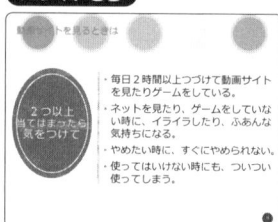

スライド09

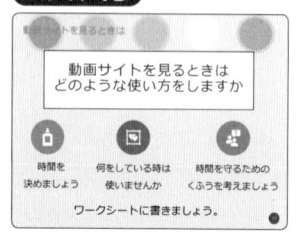

スライド10

ワークシート（本書16ページ）の1番に書き出してみましょう。

書けたら隣の人と見せ合ってください。自分や隣の人の使い方で、良い使い方だと思ったことを発表してください。

◆ **班活動**
スライドを見せて、考えるヒントを提示する。

発表を板書
・時間を15分と決めて守って使っている。
・家族が使ってよいと言わないと使わないようにしている。
・タブレットやスマホのタイマーをセットしてもらっている。
・家族の前で使うようにしている。
・宿題を先にしてから遊ぶ。しなければいけないことはスマホを見るより先にしている。

良い意見が出てきましたね。皆さんはとても良い使い方をしていると思います。

でも、その良い使い方が守れないときはありますか。

発表を板書
●ある
・動画がおもしろいと時間が来てもやめられないことがある。
・夢中になって約束の時間がきたことがわからないときがある。

ここがPOINT

約束は守れないこともありますね。動画サイトは、たくさんの動画をいつでも次々見ることができておもしろいです。時間を決めていても、つい長い時間見てしまうことはあると思います。

時間を決めずに長い時間使っていると、どうなってしまうと思いますか。 **07** **08**

発言を板書
・目が悪くなる。宿題ができなくなる。
・夜遅くまで見ていたら寝る時間が短くなる。

そうですね。そのほか、姿勢が悪くなったり、夜眠れなくなったりすることもあります。

3年生以上の場合

これから聞く4つの質問のうち、2つ以上当てはまる人は使い方を見直してみましょう。 **09**

スライドで質問する

皆さんの意見を振り返ってみましょう。次のような使い方が良いことがわかりました。 **10**

児童の意見を板書

動画サイトを見るときは、

・タイマーなどセットして時間を決めて見る。

・宿題などしなければいけないことは先に済ませる。

・怖いページなどに入ってしまわないよう家族に設定をしてもらい、できる限り家族と一緒に見る。使わないときは家族に預かってもらう。

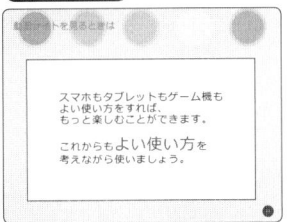

スライド11

動画サイトは途中でやめるのが難しいこともあります。見る時間を決めて、時間を守れるよう工夫して使うようにしましょう。皆さんは時間を決めているのでとても良い使い方をしていると思いました。良い使い方をすれば、動画サイトはもっと楽しむことができますね。これからも上手に工夫して利用してください。 **11**

3 まとめと振り返り ⌛ 10min

スライド12

今日の学習で、みなさんは動画サイトを見るときには、どのような良い使い方をしようと思いましたか。ワークシートの2番に書きましょう。 **12**

書く視点を提示する

・使う時間を決めましょう（低学年の目安は平日30分～1時間程度）。

・何をしているときは使いませんか。

・時間を守るための工夫を考えましょう。

発表させる

今日は宿題がありました。

今日の学習で学んだことや気がついたことを、家族に伝えて、動画サイトを利用するときの約束を決めましょう。

そして、ワークシートの3番に、感想を書いてもらってください。それが今日の宿題です。

実践事例 ▶ 1

動画サイトを見るときは

ここが **イマド** のポイント

これまでの情報モラル教育では、悪い使い方の事例を提示し学習することが一般的でした。しかし、それでは、悪い使い方は意識できても、望ましい生活習慣につなげるための良い使い方を印象づけることはできません。小学生にとって、スマートフォンやタブレットを介しての動画サイトの視聴やゲームプレイは、テレビ視聴のように日常の行為となっています。しかし、動画サイトなどのインターネットコンテンツには独特の魅力や簡単にやめられない特性もあります。その特性を理解し、上手に使うための工夫に気づき、良い使い手になりたいという子どもの素直な気持ちを伸ばしていく学びが必要とされています。

本学習には振り返りシートも用意しています。2年生以上では、必ず振り返りの時間を持ちましょう。

低学年のインターネット接続機器とのつきあい方は、保護者との連携が欠かせません。本書Webサイト掲載の保護者向け文書をワークシートと一緒に持ち帰り、学習の内容を家庭と共有してください。

▶ 授業展開例（略案）

展開	学習内容	留意点
導入 ⏳ **5**min	1. ● 自分で自由に使うことができるスマホ、タブレットはありますか。 ● 使うときの約束を決めていますか。 2. 宿題について伝達する。	利用状況には個人差があることに留意する。 動画サイトの視聴を推奨しているような授業とならないように留意する。
展開 ⏳ **30**min	3. 教材を読む。登場人物の行動を読み取る。 ● ミクシくんの良い使い方だと思うことを発表してください。 ● なぜ良いと思ったのですか。 ● ミクシくんの使い方をもとに良い使い方について考えてみましょう。 ・使う時間がわかるために工夫をしていますか。 ・スマホやタブレットを見る場所を決めていますか。 ・宿題やしなければいけないことを忘れないために工夫していますか。 ● 良い使い方が守れないことがありますか。 ● 時間を守らず使っていたらどうなると思いますか。 4. 必要な視点を提示する。 ・動画サイトはタイマーなどセットして時間を決めて時間を守って見ましょう。 ・動画サイトを見るときは、宿題などしなければいけないことは先に済ませておきましょう。 ・怖いページに入ってしまわないよう家族に設定をしてもらい、できる限り一緒に見るようにしましょう。	登場人物の行動を理解させる。スライドを印刷し掲示してもよい。 自分が実行している具体的な使い方のルールや工夫について考えさせる。 守れない理由も確認する。 悪いことが起きるからルールを守らなければいけないのではなく、良い使い方をすることで、もっと楽しく安全に遊ぶことができることを意識させる。 必要な視点はスライドを印刷し掲示してもよい。
まとめと振り返り ⏳ **10**min	5. 動画サイトを見るときには、どのような良い使い方をしようと思ったか、自分の考えを書く。 学んだことを家族に伝え、家族に感想を書いてもらう。	家庭と学びを共有する。 1週間後を目安にふりかえりシートを書く。

▶ どうがサイトを 見る ときは

くみ

なまえ

今日の 学習で、みなさんは どのような 良い つかいかたを しようと 思いましたか。

かぞくに かんそうを 書いて もらいましょう。

▶ 動画サイトを見るときは

1. 動画サイトを見るとき、どのような良い使いかたをしますか。

2. これからどのような良い使いかたをしようと思いましたか。

使う時間を書きましょう。

何をしているときは使いませんか。

時間を守るためのくふうを書きましょう。

3. 家族に感想を書いてもらいましょう。

▶ 動画サイトを見るときは

年	組
名_な前_{まえ}	

1. 動画サイトを見るときのやくそくを書きましょう。

2. やくそくを守るためのくふうを書きましょう。

やくそくを守ることがむずかしかったのは、どんなときですか。

やくそくを守るためのくふうを書きましょう。

3. 家族に感想を書いてもらいましょう。

● 小学校4〜6学年

▶ 決めた約束を守るには

題材目標

身近な事例をもとに、インターネット利用の約束が必要な理由と、履行するためにはそれぞれの立場でどのような判断や態度が必要なのかを考える。

● この教材の目指すもの

　内閣府「平成30年度青少年のインターネット利用環境実態調査報告書」（2019年3月）によると、家庭でインターネットの使い方についてルールを決めているのは小学生で77.0%、中学生で62.3%となっています。しかし、実生活ではさまざまな理由によりせっかく決めたルールが守れないことがあるでしょう。本教材では、決めた約束を守れないような生活上の問題に直面したとき、多様な視点から考えて判断できる力を養うことを目指しています。

● 事前の準備

・プレゼンデータ（Webサイト参照）は、スライドを印刷して黒板に掲示してもよい。
・事前に「インターネットの利用についてのアンケート」（本書53ページ）を実施し、児童のインターネット機器利用の実態を把握しておく。特に、質問6の結果は、掲示できるようにまとめておくと、授業内で活用できる。

資料ダウンロード用URL ▶
https://www.nipponhyojun.co.jp/johomoral2.0/

授業の展開

1 導入 .... ⧖ 5min

スライド01

> 決めた約束を守るには

👤 スマートフォン、タブレットを利用するときの約束を決めていますか。どんな約束ですか。 **01**

発言を板書

・利用時間を決めている。

・利用した内容を見せるようにしている。

👤 今日は、スマートフォンやタブレットを利用するときの約束について考えます。

今日の学習には宿題があります。それは、今日学んだことを家族に伝え、話し合うという宿題です。

今日は「家族に何を伝えようか」ということをよく考えながら学習するようにしましょう。

2 展開 .... ⧖ 30min

スライド02

> お話を聞いて考えましょう。

👤 お話を聞いて考えましょう。 **02**

👤 「たまみさんは5年生です。仲良しの友達が3人います。3人は自由に使えるスマートフォンがあるためSNSのLINEを使ってやり取りをしています。

スライド03

たまみさんも仲間に入りたくて、家族にスマートフォンが欲しいとお願いしました。すると家族は『スマートフォンを持つのはまだ早いから、家のタブレットを使いましょう』と言いました。たまみさんは家族のタブレットにアプリを入れてやり取りをすることにしました。

家族とは『タブレット内で利用する内容は見えるようにしておく』という約束を決めました。

ある日、友達がLINEのメッセージを送ってきました。それは、友達とこっそり撮影した写真や友人の噂話でした。たまみさんは、家族にメッセージを見られないようLINEにパスワードを設定し開けないようにしました。

スライド04

ある日、家族はLINEが開けないことに気づき、約束を守らなかったたまみさんからタブレットを取り上げました。たまみさんは、友達からメッセージを受け取れなくなるから使わせて欲しいと、泣いて頼みました。」 **03** **04** **05**

 なぜたまみさんはスマートフォンやタブレットが欲しかったのですか。 **06**

・仲良しの友達3人がスマートフォンを使ってLINEでやり取りをしているから。

・仲良しの友達の仲間に入りたかったから。

 たまみさんが家族のタブレットを使うにあたって、家族と決めた約束は何でしたか。

・タブレットで使った内容が見えるようにしておく。

 なぜ家族はタブレットを取り上げたのですか。 **07**

・たまみさんがLINEにパスワードをかけ、やり取りが見えないようにしたから。

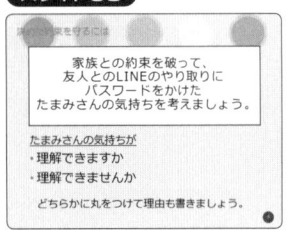 LINEにパスワードをかけた、たまみさんの気持ちについて考えましょう。

家族との約束を破って、友達とのLINEのやり取りにパスワードをかけたたまみさんの気持ちが理解できますか。たまみさんの気持ちが理解できないですか。

ワークシート（本書25ページ）の1番のどちらかに丸をつけ、その理由を書いてください。 **08**

発言を板書

●理解できる

・友達とLINEをしていたら、こっそり使いたい気持ちになる。

・秘密は良くないけど、友達のやり取りは見られたくないものもある。

●理解できない

・家族と約束を決めて使っているのだから、約束は守らなければいけない。

・自分のものではないタブレットにパスワードをかけてはいけない。

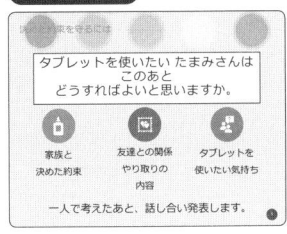

スライド09

 **重要な発問** 「理解できる」という意見と「理解できない」という意見がありますね。

ではその２つの意見を踏まえた上で、タブレットを使いたいたまみさんは、このあとどうすればよいと思うか考えてみましょう。

「家族と決めた約束」、「友達との関係」、「使いたい気持ち」を踏まえて考えてください。

まず１人で考え、ワークシートの２番に自分の考えを記入しましょう。そのあと班で話し合って出た意見を発表してください。１つの意見だけではなく、出された意見を発表しましょう。**09**

◆ **班活動**
① まず１人で考えさせる。
② ワークシートの２番に記入させる。
③ そのあと班で話し合って出た意見を発表させる。

発表を板書

・家族に謝って決めた約束を守りながら使う。
・やり取りの中には見せたくない内容もあるので、家族に見られたくない気持ちを話して使わせてもらう。
・友達とやり取りができないのはかわいそう。もう一度約束を話し合って決める。
・スマホやタブレットを持っていない人もいる。タブレットがなくても問題ないように友達と付き合う。

スライド10

 家族は、「内容を見えるようにしておく」という約束はなぜ必要だと思ったのでしょう。**10**

発言を板書

・秘密を作っていたずら投稿や悪口を載せてしまうかもしれないから。
・悪いサイトに入るなどトラブルに巻き込まれることを心配しているから。

スライド11

家族が約束を決めたのは理由があるからなのですね。
では、たまみさんは、スマートフォンを持っている友達に対しては、どうすればよかったと思いますか。**11**

発言を板書

・たまみさんが家族と決めた約束を守れるよう協力してもらう。
・スマートフォンやタブレット以外の手段でやり取りする。
・家族に見られても困らないような内容をやり取りする。

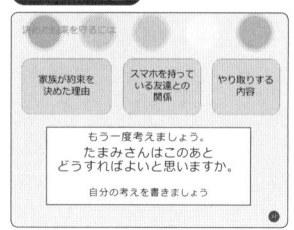

スライド12

👤 それでは、今出てきた「家族が約束を決めた理由」や「友達との関係」「投稿する内容」を踏まえて、もう一度考えてください。

タブレットを使いたいたまみさんは、どうすればよいと思いますか。

ワークシートの３番に書きましょう。 **12**

◆一人で考える

① 一人で考えてワークシートの３番に記入する。

② ワークシートの２番の記述から変わった箇所は、ペンの色を変えたり下線を引いたりしてわかるようにしておく。

③ なぜそう考えたのか、理由も書く。

④ 発表する。

発表を板書

・約束はなぜ必要なのかを考えて、決めた約束は守る。

・自分が守れる約束を、家族や友達と話し合って決める。

・スマートフォンやタブレットを持っていない人のことを考え、ネット以外の場所でやり取りしようと、お願いする。

・見られて困るようなやり取りはしない。

ここがPOINT

👤 良い意見が出てきました。

皆さんもスマートフォンやタブレット、ゲーム機を使う時には家族と約束を決めると思います。しかし、理由があって守れないこともあるでしょう。

そのときには、

　「なぜ約束は必要なのか」

　「なぜ守れないことがあるのか」

　「ではどうしたら守れるようになるのか」

を考えるようにしましょう。

3 まとめと振り返り ⋯⋯⋯⋯⋯⋯⋯⋯⋯⋯⋯⋯⋯⋯⋯⋯ ⏳ 10min

スライド13

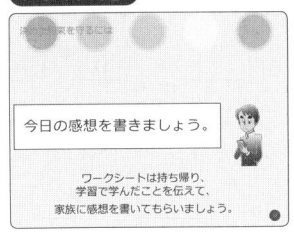

今日の感想を書きましょう。

ワークシートは持ち帰り、
学習で学んだことを伝えて、
家族に感想を書いてもらいましょう。

今日の学習で考えたことや感想を、ワークシートの4番に書きましょう。 **13**

ワークシートの4番に書いたことを発表しましょう。

発言を板書

・約束はどうして必要なのかを考えながら決めたいと思った。
・約束は守れるかどうかを考えながら決めたいと思った。
・人によって約束は違うから友達の約束も守れるように考えて使いたい。

今日は宿題があります。
今日の学習で学んだことや気がついたことを、家族に伝えましょう。そして、ワークシートの5番に、家族に感想を書いてもらいましょう。

実践事例 ▶ 2

決めた約束を守るには

ここが
イマドの
ポイント

　インターネット接続機器は、多くのご家庭では約束を決めてお子さんに与えていると思います。しかし、どんなに良い約束を決めても守れないことがあります。実生活では、身につけたスキルや学んだ知識、正論では克服できないような場面に直面することが往々にしてあるからです。特に、友人との関係がギクシャクしないよう配慮した結果、決めた約束の履行が難しくなる、という状況は小・中学生ではよくある現実的なジレンマではないかと思います。

　そのような場面で、「ルールを破るのは良くない」と教えこむのではなく、学んだ知識で解決できない場面に直面したとき、互いの合意形成を図りながら新たなルール（規則）を作り、実行できる能力を育成していくことが大切です。

　本教材では、決めた約束が守れないような具体的事例を扱い、「なぜ約束は必要なのか」「約束を破ってまで友人との関係を保つことは自分や友人のためになるのか」など、価値観の違いから異なる判断が導かれるような場面を想定します。そして、対話・議論することで多様な受け止め方を知り、「それぞれの立場でどのような判断が必要か」という自分なりの実現可能な判断につなげていきます。

　Webサイト掲載の保護者向け文書も用意しています。ご活用ください。

▶ 授業展開例（略案）

展開	学習内容	留意点
導入 ⧗ **5**min	1. インターネットを利用するときの約束について問う。 2. 宿題について伝達する。	事前にアンケートをとっておいてもよい。
展開 ⧗ **30**min	3. 教材を読む。登場人物の置かれた状況を把握する。 ● なぜたまみさんはスマホやタブレットが欲しかったのですか。 ● 家族とはどのような約束を決めましたか。 ● なぜ家族はタブレットを取り上げたのですか。 ● タブレットを返して欲しいと泣いてお願いしたたまみさんの気持ちになって考えましょう。 　・気持ちが理解できる。 　・気持ちが理解できない。 ● ワークシートの1番のどちらかに丸をつけ、理由を書いてください。 ● たまみさんはこのあとどうすればよいと思いますか。「家族と決めた約束」「友達との関係」「使いたい気持ち」を踏まえて考えましょう。 ● 家族はなぜ約束が必要だと思ったのでしょう。 ● 「家族の気持ち」「友達との関係」「投稿する内容」を踏まえてもう一度考えます。たまみさんはどうすればよいと思いますか。 4. 気をつけるべき視点を伝える。 　約束はさまざまな理由があって守れないこともある。そのときには、今日の学習のように「なぜ約束は必要なのか」「なぜ守れないことがあるのか」「ではどうしたらよいのか」考えてみる。	登場人物の置かれた状況を把握しやすいようスライドを印刷し掲示してもよい。 たまみさんの心情になって考える。 たまみさんの迷いを掴ませる。 約束を守る責任、友達との関係、どうすることがより良い判断につながるのか、それぞれの視点から考えを深める。
まとめと振り返り ⧗ **10**min	5. 学習の感想を書く。 　学んだことを家族に伝え、家族に感想を書いてもらう。	家庭と学びを共有する。

▶ 決めた約束を守るには

年	組
名前	

1. ①たまみさんの気持ちが理解(りかい)できる　　②たまみさんの気持ちが理解できない

①、②のどちらかに○をして、そう思った理由を書きましょう。

理由

2. タブレットを使いたいたまみさんは、このあとどうすればよいと思いますか。

自分の考え	友達の考え

3. どうすればよいと思いますか。自分の考えをまとめましょう。

4. 今日の学習の感想を書きましょう。

5. 家族に、感想を書いてもらいましょう。

● 小学校5学年〜中学校2学年

動画投稿アプリとの つきあい方

題材目標　動画投稿アプリを利用、動画を視聴するうえで、その特性を理解し、安全な利用の仕方を検討し、必要な規則を守ることができる。

▶ この教材の目指すもの

　内閣府「平成30年度青少年のインターネット利用環境実態調査報告書」(2019年3月)によると、スマートフォンのインターネット利用者の利用内容は、小学生(4〜6年生)では「動画視聴」が62.0%、中学生では74.9%となっています。児童生徒にとって気軽に利用できるコンテンツとなった動画投稿アプリですが、応答や承認欲しさに行動がエスカレートすることもあります。本教材では、現実に起こりうるジレンマを題材に、投稿するときに必要なルールについて考えます。

▶ 事前の準備

・本書34ページの「事前アンケート」を使い、集計して利用状況を把握しておく。導入で、アンケート結果を提示して気が付いたことを発言させてもよい。
・プレゼンデータ(Webサイト参照)を印刷して黒板に掲示してもよい。

資料ダウンロード用URL ▶
https://www.nipponhyojun.co.jp/johomoral2.0/

▌授業の展開

1 導入　⋯⋯⋯⋯⋯⋯⋯⋯⋯⋯⋯⋯⋯⋯⋯⋯⋯⋯⋯⋯⋯⋯⋯⋯⋯ ⏳ **5**min

スライド01

> 自分で自由に使うことができるスマートフォン、タブレット、ゲーム機が家にありますか。

写真投稿アプリを見たことがありますか。動画投稿アプリを見たことがありますか。どんなところがおもしろいですか。自分で使いたいと思ったことがありますか。動画投稿アプリを見ていて気になったことはありますか。**01**

> 今日は、動画投稿アプリの上手な使い方について考えます。動画投稿アプリを使ったことのある人もない人も、その上手 (適切) な使い方をみんなで話し合いましょう。

> 今日の学習には宿題があります。それは、今日学んだことを家族に伝え、話し合うという宿題です。

今日は「家族に何を伝えようか」ということをよく考えながら学習するようにしましょう。

2 展開　⋯⋯⋯⋯⋯⋯⋯⋯⋯⋯⋯⋯⋯⋯⋯⋯⋯⋯⋯⋯⋯⋯⋯ ⏳ **30**min

スライド02

> 「シュンスケは小学校6年生です。動画投稿アプリが好きでよく見ています。

ある日、同級生のカツヒコの投稿を見つけました。カツヒコは、自分のダンスの動画を投稿していました。『いいね』が200もついていました。

ダンスの練習を始めたばかりのシュンスケは、真似をして自分のダンス動画を投稿してみました。」**02** **03**

スライド03

> 「すると、これまでほとんど反応がなかったシュンスケの動画に『いいね』が10つきました。シュンスケはもっと『いいね』が欲しくて毎日ダンス動画を投稿しました。しかし、カツヒコほど『いいね』がつきません。

そこで、カツヒコの真似をして同じような服装や振り付けで踊ってみました。すると、『いいね』が50もつきました。

動画を見る人も増えていきました。『ダンスかっこいいね』とコメントもつくようになりました。」**04**

スライド04

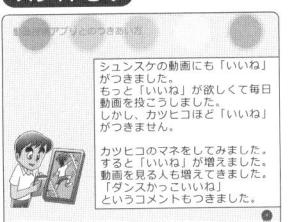

スライド05

シュンスケは、カツヒコとダンスの練習をしたときの動画を投こうしました。すると「いいね」が100もついてコメントも増えました。しかし、カツヒコは動画を投こうするとき、顔が映らないようにしていたのに、シュンスケの動画には顔がはっきりと映っていました。シュンスケは動画を消そうと思いましたが、そのままにしてしまいました。

「ある日、シュンスケは、カツヒコと一緒にダンスを練習したときの動画があることを思い出しました。その動画を投稿してみました。すると、『いいね』が100も集まり、『かっこいい』というコメントもいくつも入りました。

しかし、カツヒコは動画を投稿するときには顔が映らないように気をつけていたのに、シュンスケの動画には顔がはっきりと映っていました。シュンスケは動画を削除しようかと思いましたが、そのままにしてしまいました。」 **05**

スライド06

ある日、学校でカツヒコと会いました。

シュンスケはカツヒコに、『ダンスの練習動画を投こうした』と話そうかと思いましたが、だまってしまいました。

「ある日、学校の廊下でカツヒコと会いました。シュンスケはカツヒコに『ダンスの練習動画を投稿した』と話そうかと思いましたが、黙ってすれ違いました。」 **06**

スライド07

登場人物

シュンスケ

カツヒコ

このお話を聞いて考えましょう。

まず、練習動画を投稿したのは誰でしたか。投稿されてしまったのは誰でしたか。 **07**

スライド08

なぜ、シュンスケさんは自分のダンスの動画を投こうしようと思ったのですか。

シュンスケさんはなぜ自分のダンスの動画を投稿しようと思ったのですか。 **08**

> **発言を板書**

- ・同級生のカツヒコの動画がかっこよかったから。
- ・カツヒコの動画には「いいね」が200もついていたから。
- ・自分の動画についてもカツヒコのように「いいね」がたくさんついて欲しいから。

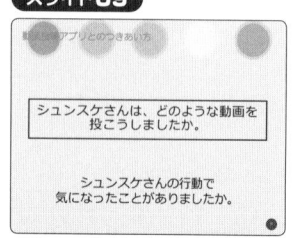

スライド09

シュンスケさんは、どのような動画を投こうしましたか。

シュンスケさんの行動で気になったことがありましたか。

シュンスケさんはどのような動画を投稿しましたか。 **09**

- ・カツヒコと一緒に撮ったダンスの動画を投稿した。
- ・カツヒコの顔がはっきり映った動画を投稿した。

シュンスケさんの行動で気になったことがありますか。

発言を板書

・カツヒコの許可をもらわずに、カツヒコが映った動画を投稿した。
・カツヒコは顔が映らないように投稿していたのに、顔が映ったまま投稿した。
・カツヒコに投稿したことを言わなかった。

スライド10

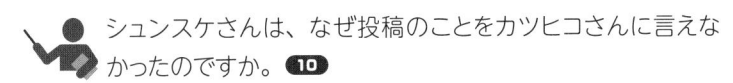 シュンスケさんは、なぜ投稿のことをカツヒコさんに言えなかったのですか。**10**

・カツヒコのダンス動画を勝手に投稿したから。
・悪いという気持ちがあったから。
・「いいね」がたくさんついていたから。

スライド11

 では、シュンスケさんは、なぜ「いいね」やコメントが欲しかったのでしょう。
シュンスケさんの気持ちになって考えて、ワークシート(本書35ページ)の1番に、自分の考えと理由を書きましょう。**11**

 ワークシートの1番に書いたことを発表しましょう。

発表を板書

・「いいね」がもらえると、自分が認められたと思ってうれしいから。
・「いいね」やコメントがつくと、もっと頑張りたいという気持ちになるから。
・たくさんの人に見てもらいたいし、ほめられたいから。

ここがPOINT

 そうですね。ほめられたり反応されたりしたら嬉しい気持ちになりますね。
動画投稿アプリだけではなく、たとえばゲームやSNSのなかでもほめられ反応があると嬉しい気持ちになるのではないかと思います。

スライド12

あなたがシュンスケさんなら、このあとどうしますか。

自分の考えと理由を書きましょう。

書けたら、班で自分の意見を発表し、友達の意見を聞き取ってワークシートに記入してください。

 では、あなたがシュンスケさんなら、この後どうしますか。**12**

ワークシートの２番に、自分の考えと理由を書きましょう。
書けたら班で自分の意見を発表し、友達の意見を聞き取ってワークシートに記入します。そのあと、出された意見を班ごとに発表してください。

◆ 班活動

① まず１人で考えさせる。
② ワークシートの２番に記入させる。
③ そのあと班で話し合って出た意見を発表させる。

**発表を板書**

・カツヒコの顔が映った動画を黙って投稿したのだから、正直に話してあやまる。
・投稿した動画はすぐに消してあやまる。
・何もしない。「いいね」が増えているから消さない。
・カツヒコに見つかる前に、動画を黙って消す。

 カツヒコさんに話してあやまる、動画をすぐに消す、という意見がありました。そのままにしておく、黙って消す、という意見もありました。

スライド13

カツヒコは、なぜ
顔が映らないよう気をつけて
投こうしていたのだと思いますか。

もし自分が知らない間に
ネットに顔写真を投こうされたら、
あなたはどう思いますか。

 重要な発問 では、カツヒコは、なぜ顔が映らないよう気をつけて投稿していたのだと思いますか。ワークシートの３番に書いてください。**13**

ワークシートの３番に書いたことを発表しましょう。

発表を板書

・個人が特定されるかもしれないから。
・知らない人に保存され、悪用されるかもしれないから。
・悪用された動画や写真は、消すことが難しくなるから。

 そうですね。個人が特定されるかもしれない、知らない間に保存され、悪用されるかもしれないから、なのでしょうね。

重要な発問 では、もし自分の知らない間に、ネットにあなたの顔写真を投稿されたとします。あなたは、どう思いますか。

発表を板書

・誰かに利用されるかもしれないので怖い。
・勝手に投稿しないでほしいと腹が立つ。

ここがPOINT

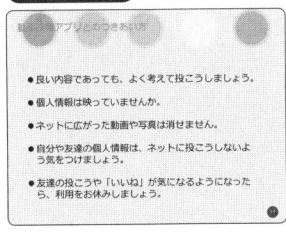

心配な気持ち、そして、勝手に投稿しないでほしいと腹が立つ気持ちにもなるのですね。

カツヒコも、もし投稿を知ったら同じ気持ちになるのかもしれません。

顔や名前など個人情報が入った動画や写真は、良い内容であっても投稿するべきではないです。皆さんが言うとおり、個人が特定される、知らない人に保存される、悪用される可能性があるからですね。

保存され、悪用された動画や写真は消すことが難しくなり、取り戻すこともできません。

それから、投稿に対し「いいね」がたくさんつくと嬉しい気持ちになるかもしれません。しかし、「いいね」はあなたを褒めている人の数ではありません。自分が思うほど周りの人は他人の「いいね」の数や投稿を気にしていません。

どうしても「いいね」が気になるなら、利用をお休みし、距離を保つようにしましょう。**14**

---

3 まとめと振り返り ⏳ 10min

スライド15

それでは、これから動画投稿アプリなどを利用するときには、どのようなことに気をつけようと思いましたか。自分の考えをワークシートの4番に書きましょう。**15**

スライドを見せて、考えるヒントを提示する

・投稿するときは、映っている人の許可をもらってから投稿する。
・顔や個人のことがわかる情報は投稿しない。
・「いいね」やコメントを気にしないようにする。

動画投稿アプリや動画サイトに投稿したいと思ったときや困ったときは、今日学んだことを思い出してください。

今日は宿題がありました。

動画投稿アプリを使っていない人は、これから使うとき気をつけることを考えてください。

学習したことを家族に伝え、ワークシートの5番に、家族に感想を書いてもらってください。それが今日の宿題です。

鳥取県倉吉市立小鴨小学校5年生 授業の板書

動画投稿アプリとのつきあい方

ここが **イマド**の ポイント

　小・中学生の動画投稿アプリへの関心は高く、多くの児童・生徒が芸能人や同世代が投稿した動画を好んで再生、視聴しています。最近では、自分で撮影した動画を投稿する児童も珍しくなく、完成度の高い動画を投稿し多くのフォロワーを抱える小学生まで登場しています。しかし、動画投稿などのSNSの利用が盛んになると、友人と投稿を競うようにもなります。「いいね」という反応や「コメント」の数を競うようになると、投稿内容が過激になり、反応の多い友人を妬むようにもなります。

　本教材の実践でも、「いいね」が欲しい理由を問うと、多くの児童が「自分が認められたような気持ちになる」「友人よりえらくなったように感じる」「ほめられたようでうれしい」などと答えました。そして、シュンスケの行動に理解を示す意見も多く見られました。

　本学習では、このようなSNSの投稿を「競う」ことで引き起こされる事例を題材に、投稿する内容や友人との関係、個人情報保護について考えます。現実にありがちなジレンマを通じて、動画投稿の作法や、「いいね」に振り回されないつきあい方について、ていねいに対話、議論してください。

　保護者も動画投稿アプリには詳しくなく、利用を制限する指導が多く見られます。制限するのではなく、他者の投稿が気になってつらくなるようであれば、上手に距離を取ることが大事だと気づかせることが大切です。本書Webサイト掲載の保護者向け文書もぜひ活用ください。

▶ 授業展開例（略案）

展開	学習内容	留意点
導入 ⏳ **5**min	1. ● 自由に使うことができるスマホ、タブレット、ゲーム機がありますか。 ● 写真、動画投稿アプリのどんなところがおもしろいですか。 ● 動画投稿アプリを見ていて気になったことはありますか。 2. 宿題について伝達する。	動画投稿アプリの利用は個人差があることに留意する。アプリを見たことがない児童のために説明をしてもよい。 動画投稿アプリは、短い動画を簡単に加工、編集、投稿することができるソーシャルネットワークサービスである。投稿には「いいね」やコメントなど視聴者から感想ももらえる。
展開 ⏳ **30**min	3. 教材を読む。登場人物の置かれた状況を把握する。 ● シュンスケさんはなぜ自分のダンス動画を投稿しようと思ったのですか。 ● シュンスケさんはどのような動画を投稿しましたか。 ● シュンスケさんの行動で気になったことがありますか。 ● シュンスケさんは、なぜ投稿のことをカツヒコさんに言えなかったのですか。 ● シュンスケさんは、なぜ「いいね」やコメントが欲しかったのでしょう。 ● あなたがシュンスケさんならこの後どうしますか。 ● カツヒコはなぜ顔が映らないよう気をつけて投稿していたのだと思いますか。 ● 自分が知らない間にネットに顔写真を投稿されたらあなたはどう思いますか。 4. 気をつけるべき視点を伝える。 個人が特定される可能性のある動画や写真は、良い内容であっても安易に投稿するべきではない。個人が特定される、知らない人に保存される、悪用される可能性がある。保存された動画や写真は消すことが難しくなる。「いいね」や返信も気にしないようにする。どうしても気になるなら利用をお休みする。	登場人物の置かれた状況を把握しやすいようスライドを印刷し掲示してもよい。 シュンスケのジレンマを掴む。 シュンスケの気持ちになって考えさせる。 反応や褒められたら嬉しいという気持ちには共感する。 気をつけるべき視点は児童の発言から引き出したい。 個人情報はなぜ投稿するべきではないのか考える。 勝手に個人情報を投稿されたカツヒコの立場でも考えさせる。 これから利用する際に気をつけることを「考える視点（良い内容であっても個人情報の扱いに注意する、利用された投稿は消せない、'いいね' が気になるから距離を保つ、など）」を踏まえ整理する。
まとめと振り返り ⏳ **10**min	5. これから利用する時、気をつけることを書く。 発表する。 学んだことを家族に伝え、家族に感想を書いてもらう。	家庭と学びを共有する。

▶ 動画投稿アプリとのつきあい方

名前は書きません。

正直に書きましょう。

当てはまる番号に○をつけてください。

1. 学年は 　　　　　　　学年　　　　① 男子　　　② 女子

2. いつも使っているものに○をつけましょう。（当てはまるものすべてに○をつけてください）
① スマートフォン　　② ゲーム機　　③ 音楽プレーヤー
④ タブレット　　⑤ その他　　⑥ 持っていない

3. あなたはラインをしていますか。　　　　　　　　　① はい　　② いいえ

4. ティックトックなどの動画アプリを見ていますか。　　① はい　　② いいえ

5. ユーチューブなどの動画サイトを見ていますか。　　　① はい　　② いいえ

6. どのような動画を見ることがもっとも多いですか。
① 芸能人の動画　　② ユーチューバーの動画　　③ 小・中学生の投こう動画
④ 友達の投こう動画　　⑤ その他（　　　　　　　　　　　　　　　）

7. あなたはインターネットに動画や写真を投こうしたことがありますか。
　　　　　　　　　　　　　　　　　　　　　　　① はい　　② いいえ
投こうしたアカウントは公開ですか非公開ですか。　① 公開　　② 非公開

8. あなたはインターネットに動画や写真を投こうしたいと思ったことがありますか。
　　　　　　　　　　　　　　　　　　　　　　　① はい　　② いいえ

9. 家族とインターネットの「使うときのきまり・ルール」を決めていますか。
① 決めていて守っている　　② 決めているが守れていない　　③ きまりやルールはない

10. 動画や写真を投こうするときには、どのようなことに気をつけるべきだと思いますか。

▶ 動画投こうアプリとのつきあい方

	年	組
名前		

1. シュンスケさんは、なぜ「いいね」やコメントが欲しかったのでしょう。

2. あなたがシュンスケさんならどうしますか。

自分の考え	友達の考え

3. カツヒコさんは、なぜ気をつけて投こうしていたのですか。

4. これから動画や写真の投こうアプリを利用するときには、どのようなことに気をつけようと思いましたか。

気をつけること	
投稿内容 個人情報 つきあい方 など具体的に 書きます	

5. 家族に、感想を書いてもらいましょう。

小学校５学年〜中学校２学年

SNSのグループについて考えよう

題材目標
グループ機能の安易な利用が思わぬトラブルにつながることを知り、上手に利用するためにはあらゆる立場の人に配慮し、皆が気持ちよく使うためのルールが必要であることを理解する。

▶ この教材の目指すもの

　内閣府「平成30年度青少年のインターネット利用環境実態調査報告書」（2019年3月）によると、小学生の自分専用のスマートフォン所有率は35.9％、中学生では78.0％、利用内容ではコミュニケーション（メール、SNSなど）が小学生女子では40.4％、中学生女子では82.2％となっています。

　利用率の上昇に伴い、小学校でもコミュニケーションツール利用によるトラブルが増えています。なかでもグループ機能を使うことによる仲間外しが多く報告されますが、悪気のないグループ作成による誤解に起因するものも少なくありません。本学習では、SNSを介した友達とのコミュニケーション時に気をつけるべきことについて現実にありがちな事案を通して考えます。

▶ 事前の準備

・プレゼンデータ（Webサイト参照）は印刷して黒板に掲示してもよい。
・登場人物のスライドは掲示したほうがわかりやすい。
・本書44ページの事前アンケートを取り、集計して利用状況を把握しておく。導入でアンケート結果を提示して気がついたことを発言させてもよい。

資料ダウンロード用URL ▶
https://www.nipponhyojun.co.jp/johomoral2.0/

授業の展開

1 導入　　　　　　　　　　　　　　　　　　　　⏳ 5min

自分で自由に使うことができるスマートフォン、タブレット、パソコンが家にありますか。
そのインターネット接続機器にはSNSのアプリを入れていますか（LINE、Instagram、TikTokなど）。

スライド01

SNSの友達について考えよう

今日は、SNSと友達の関係について考えます。SNSは複数のメンバーとグループを作り、やりとりすることができます。グループでのやりとりの際に必要な取り決めについても考えてみましょう。SNSをまだ使っていない人も、これから使うときにはどうするか想像しながら考えてください。**01**

今日の学習には宿題があります。それは、今日学んだことを家族に伝え、感想を書いてもらうという宿題です。
今日は「家族に何を伝えようか」ということをよく考えながら学習しましょう。

2 展開　　　　　　　　　　　　　　　　　　　　⏳ 30min

スライド02

お話を聞いて考えましょう。

では、お話を聞いて考えましょう。**02**

スライド03

仲の良い4人のグループがありました。

たまみさん　ひかりさん　まゆこさん ゆきこさん

「クラスで仲の良い4人のLINEのグループがあります。まゆこさん、ゆきこさん、ひかりさん、たまみさんの4人です。**03**

「ある日、たまみさんを除く3人だけのグループができました。3人で撮った写真をやり取りするために作ったグループでした。しかし、その後もそのグループで3人だけでやり取りするようになりました。」**04**

スライド04

4人にはLINEのグループがありました。あるとき、4人のうち3人は、3人でとった写真を共有するため、たまみさんを除く3人のグループを作りました。
その後も、その3人のグループでやり取りが続きました。

「ところで、ひかりさんはいつもたまみさんと一緒に下校していました。ある日、LINEのやり取りの内容についてひかりさんがたまみさんに話しました。『昨日送ってきた芸能人の写真おもしろかったよね』。」**05**

スライド05

ある日、たまみさんといっしょに下校していたひかりさんが「昨日送ってきた芸能人の写真面白かったね」と話してきました。

スライド06

それを聞いたたまみさんは「昨日？写真もらってないけど」

その写真は、たまみさん以外の3人のグループに送られた写真でした。

「私が入っていないグループを作っているの？」たまみさんの問いかけに、ひかりさんはだまってしまいました。

「それを聞いたたまみさんは答えました。『昨日？写真なんて見ていないけど』その写真はたまみさんを除いたグループに送られた写真でした。たまみさんは『私が入ってないグループを作っているの？』と聞いてきました。ひかりさんは黙ってうつむきました。」 **06**

スライド07

3人のグループには、誰と誰と誰が入ってましたか。

ひかりさん　ゆきこさん　まゆこさん　　たまみさん

4人のお話を振り返りましょう。仲の良い4人のグループがあるのでしたね。そのうち、3人で別のグループを作ったのでした。誰と誰と誰のグループでしたか。 **07**

・まゆこさん、ゆきこさん、ひかりさん

スライド08

3人は、なぜ別のグループを作ったのでしたか。

では、なぜ3人は別のグループを作ったのでしたか。 **08**

・3人で撮った写真を共有するため。

スライド09

たまみさんがきらいだから別のグループを作ったわけではないのに、なぜひかりさんはだまったと思いますか。

ひかりさんたちは、たまみさんが嫌いだから別のグループを作ったわけではないのですね。では、なぜひかりさんは「私が入ってないグループを作っているの？」という問いかけに黙ったのだと思いますか。 **09**

・たまみさんを入れていないグループでやり取りをして悪いと思ったから。
・黙って別のグループを作ってしまったから。

スライド10

では考えてみましょう。
もしあなたの仲良しの友達のなかで別のLINEのグループができていたら、あなたはどのように感じますか。自分が入っていない別のグループを知ったときの気持ちをよく考えてワークシート（本書45ページ）の1番に書きましょう。**10**

発言を板書

・悲しい。不安になる。入れて欲しいと思う。
・悪口など、どんな会話をしているのか気になる。

スライド11

嫌いだから別のグループを作ったわけではないのに悪いと思ったのですね。
では、皆さんは「写真を共有するために別グループを作ってやり取りをしていた3人の行動」について理解できますか。理解できませんか。
ワークシートの2番でどちらかを選び、なぜそう思ったのか、その理由も書いてください。**11**

発言を板書

●理解できる
・悪口を書いているわけではないし、写真を共有しただけ。
・たまみさんには理由を説明したらいい。仲良しのなかの何人かだけで話したいことはある。
●理解できない
・たまみさんにバレないようにするべき。外されていると知ったら嫌な気持ちになるから。

理解できる、理解できない、それぞれの意見がありましたね。どちらの考え方も皆さんには共感できるところはあるのかもれません。

スライド12

皆さんがひかりさんの立場だったら、たまみさんの問いかけに対し、この後どうしますか。これまでの議論を踏まえ自分であればどうするか考えましょう。**12**

発言を板書

・たまみさんにグループを作った理由を説明する。
・たまみさんもグループに入れてこれまでの投稿も見てもらう。
・別のグループは消す。別グループを作らない。

重要な発問 LINEをしている人は、グループ機能を使うことが多いと思います。

グループは簡単に作成できますし、写真や動画、位置情報やウェブサイトも共有できる便利な機能です。しかし、LINEなどSNSでの行動はすべて記録として残ります。グループが増えればトラブルも増えるかもしれません。

それに、友達の中にはスマホなどのネット機器を持っていない人、LINEを使っていない人もいます。

グループを作るとき、わざわざ約束を決めて作る人はいないと思います。しかし、もし皆さんがこれからLINEなどでグループを作らなければいけなくなったとき、どのようなことに気をつけるべきか、考えてみましょう。 **13**

考える視点を示す

次の3つをふまえて、気をつけるべきことについて考えてください。

・仲の良いお友達の中にスマホを持っていない人、SNSを使っていない人がいたらどうしますか。

・ひかりさんのお話を思い出し、グループをたくさん作ることの問題点も考えてください。

・SNSに載せる内容で気をつけることも考えてください。

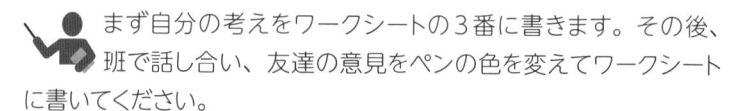 まず自分の考えをワークシートの3番に書きます。その後、班で話し合い、友達の意見をペンの色を変えてワークシートに書いてください。

話し合った後、班ごとに出された意見をまとめて発表します。

◆ 班活動

① まず1人で考えさせる。

② ワークシートに記入させる。

③ そのあと班で話し合って出た意見を発表させる。

発表を板書

・グループを作るときは仲間外れが起きないよう気をつけて作る。

・悪口は書かない。秘密は作らない。写真を共有するときなど目的を持って使う。

・LINEだけでやり取りしないで大切なことは直接話す。

・グループに入っていない人の気持ちを考えて行動する。

ここが**POINT**

LINEのグループ機能は便利で、一斉にやり取りができる、簡単に写真が共有できるなど良さもあります。

しかし、ひかりさんのお話のように、軽い気持ちで複数のグループを作ることで、投稿内容を間違えてしまったり、悪意がなくても仲間外れにつながることもあるかもしれません。

友達の中にはLINEを使っていない人、SNS上でのやり取りが好きではない人もいます。人それぞれ、考え方や環境は違うのです。

これからグループ機能を利用するときには、

「LINEを使っていない人、SNS上でのやり取りが好きではない人、ネット機器を持っていない人のことを考えて、誰もが気持ちよくやり取りできるように気をつける」

「グループの投稿内容、作成、招待、退会などの行為はすべて記録に残ることを意識する」

「悪口や誤解されるようなことは書かない」

など、皆が気持ちよく使える約束を意識して利用することが大切ですね。**14**

---

3 まとめと振り返り ⌛ 10min

今日の学習の感想をワークシートの4番に書きましょう。**15**

ワークシートに書いた感想を発表しましょう。

発言を板書

・SNSのグループは便利だけど、使うときは友達の気持ちを考えて使わないといけない。

・秘密にしたいことはあるけど、これからはグループに入っていない人の気持ちを考える。

・使っていない人の気持ちも考えて、大切なことは直接話したほうがいいと思った。

今日は宿題がありました。

今日の学習で学んだことや気がついたことを、家族に伝えてください。そして、ワークシートの5番に家族に感想を書いてもらってください。

ここが
イマドの
ポイント

SNSのグループについて考えよう

　小学校高学年のLINEのトラブルでは、グループ作成による仲間外しが多く見られます。意図的に外している (悪意を持って仲間外しをしている) のではなく複数のグループを使い分けることで誤解が生じることも少なくありません。

　仲間意識が強くなる高学年では、些細なことで疎外感を感じ不安になりトラブルに発展することがあります。グループを作る際に約束を決めて利用する児童はいませんので、本学習では、日常起こりうる事例を挙げてグループ機能についての議論を行

います。そして、SNS上での友達との適切な関わり方、誤解が生じた際の解決方法について考えます。

　解決方法については、個々の課題に対するより良い対応について議論し、実生活で同じようなジレンマを感じた際に活かせるようにしましょう。

　学習後には本書Webサイト掲載の保護者向け文書を合わせてご活用ください。グループ外しは保護者間のSNS上でも起きている事象です。

ミニコラム ▶ **イマド**のひとこと

SNS世代のいじめ

　SNSいじめという新たないじめの形態が社会問題となっています。しかし、「SNSいじめ」という新しいいじめが生まれたわけではありません。いじめはあくまでもリアルな人間関係で起きていて、SNSはその一場面に過ぎません。リアルな人間関係が良好なのに、SNSで豹変することはあり得ないのです。ネットはその人の人間性や人間関係が反映される場です。ネット上で問題行動が見られたときは、リアルな人間関係でトラブルが起きていないか注視してください。

　しかし、SNSの普及でいじめのターゲットになる児童生徒は変化してきました。「成績優秀な子」「スポーツなどで注目された子」「容姿の目立つ子」「SNSを積極的に利用し

ている子」「SNSのフォロワーの多い子」などが攻撃のターゲットにされやすくなっています。その背景にあるのは「妬み」「競争心」です。SNSを利用していると投稿を競うようになり、他者が妬ましく不安感を強めてしまうことがあります。SNSの利用で不安が増してきたら距離を置くことが必要です。妬みという感情を他者に攻撃として向けやすくなったら、自己有用感を高められるよう家庭や学校で児童生徒の話をしっかり傾聴できる環境、共感できる環境を作ることが大切です。実生活で「自分は必要とされている」と実感できる子は、他者に寛容になりSNSにも依存し過ぎなくなります。

▶ 授業展開例（略案）

展開	学習内容	留意点
導入 ⌛**5**min	1. ● スマホ、タブレットを持っていますか。 　● SNSアプリを入れていますか。 2. 宿題について伝達する。	利用状況には個人差があることに留意する。
展開 ⌛**30**min	3. 教材を読む。登場人物の関係と置かれた状況を読み取る。 　● 誰と誰のグループを作ったのですか。なぜ3人だけのグループを作ったのですか。 　● なぜひかりさんは黙ったのですか。 　● 別のグループができたらあなたはどのように感じますか。 　● 3人のとった行動について理解できますか。理解できませんか。理由も考えます。 　● ひかりさんの立場だったらこの後どうしますか。 　● SNSグループを作ることになったとき、どのようなことに気をつけるべきだと思いますか。 4. 気をつけるべき視点を伝える。 　「LINEのグループが好きではない人、LINEを使っていない人、自分のネット機器を持っていない人のことを考えてやり取りをする」 　「グループ作成、招待、退会はすべて記録に残ることを意識する」 　「悪口を書かない」 　など皆が気持ちよく使えるルールを意識して利用することが大切。	登場人物の置かれた状況を理解させる。人物名を間違えないよう確認すること。スライドを印刷し掲示してもよい。 たまみの立場に立って考える。 悪気があったわけではない3人の行動について、理解できるところと理解できないところについて考え、多様な受け止め方を知る。 班活動で話し合う。 ルールを決めてグループを作る児童生徒はいない。SNSのグループ機能の特性を踏まえ、どのようなことに気をつけるべきか具体的に考える。 班活動で話し合い発表する。
まとめと振り返り ⌛**10**min	5. 学習の感想を書く。 　学んだことを家族に伝え、家族に感想を書いてもらう。	家庭と学びを共有する。

SNSのグループについて考えよう

名前は書きません。
正直に書きましょう。

当てはまる番号に○をつけてください。

1. 学年は　　　　　　　　学年　　　① 男子　　　② 女子

2. いつも使っているものに○をつけましょう。（当てはまるものすべてに○をつけてください）
　　① スマートフォン　　② ゲーム機　　③ 音楽プレーヤー
　　④ タブレット　　　　⑤ その他　　　⑥ 持っていない

3. あなたはラインを使っていますか。　　　　　　　　　① はい　　② いいえ

4. ティックトックやインスタグラムなどの投稿アプリを使っていますか。
　　　　　　　　　　　　　　　　　　　　　　① はい　　② いいえ

5. あなたはラインなどのSNSでグループを作ったことがありますか。
　　　　　　　　　　　　　　　　　　　　　　① はい　　② いいえ

6. 5で「①はい」と答えた人は回答してください。
　　グループ数を教えてください。　　　（　　　　　　　）個くらい
　　あなたはそのSNSのグループの利用で嫌な気持ち、悲しい気持ちになったことがありますか。
　　　　　　　　　　　　　　　　　　　　　　① はい　　② いいえ
　　「①はい」と答えた人は回答してください。それはどんなときでしたか。
　　（　　　　　　　　　　　　　　　　　　　　　　　　　　　　　　　　）

7. SNSの利用やSNSのグループを利用するとき、ルールを決めていますか。
　　① 決めていて守っている。ルール内容は
　　（　　　　　　　　　　　　　　　　　　　　　　　　　　　　　　　　）
　　② 決めているが守れていない。その理由は
　　（　　　　　　　　　　　　　　　　　　　　　　　　　　　　　　　　）
　　③ きまりやルールはない。
　　④ 使っていない。

SNSのグループについて考えよう

年　　　　組

名前

1. あなたの仲良しの友達のなかで、別のLINEのグループができていたらどのように感じますか。別のグループを知ったときの気持ちを考えて書きましょう。

2. まゆこさん、ゆきこさん、ひかりさんのとった行動について理解できますか、理解できませんか。どちらかに○をつけ、その理由も書いてください。

・理解できる ・理解できない	理由

3. クラスや習い事、友人間でLINEなどのSNSのグループを作ることになったとき、皆さんはどのようなことに気をつけるべきだと思いますか。
　自分の意見は黒、友人の意見はペンの色を変えて書きましょう。

4. 今日の学習の感想を書きましょう。

5. 家族に、感想を書いてもらいましょう。

● 小学校5学年〜中学校

インターネット接続機器の上手なつきあい方を考える

題材目標　インターネット接続機器を利用するうえで、その特性を理解し、生活リズムや安全面を検討する。また、利用にあたって、守るべきことを考え、より良い利用の仕方を考える。

▶ この教材の目指すもの

　内閣府「平成30年度青少年のインターネット利用環境実態調査報告書」（2019年3月）によると、平日のインターネットの平均的な利用時間は、12歳男子では2時間以上との回答の合計が49.4%、12歳女子では44.8%となっています。一方、10歳から17歳までの青少年のルールの有無別にインターネットの利用時間を見ると、2時間以上利用している青少年は「ルールあり」では54.2%（平均時間147.3分）、「ルールなし」では72.5%（199.6分）です。

　インターネット接続機器と上手につきあうためには、使い過ぎないための約束が必要です。しかし、約束を守るためには、「なぜ守れないのか」「どうすれば守れるのか」「その理由」を丁寧に検討する必要があります。

　本教材では、個々の生活実態に合わせ利用時の約束を検討することで、より良いつきあい方につなげることを目指します。1時間でも可能ですが、2時間扱いで学習することが望ましいです。

▶ 事前の準備

・5、6年生は本書53ページ、中学生は92〜93ページの事前アンケートを実施してください。
・ワークシートは2種類あります。それぞれ印刷し準備してください。57ページの振り返りシートも印刷して準備してください。
・長時間利用が心配な児童生徒の保護者には、54ページの文書を渡してください。

資料ダウンロード用URL ▶
https://www.nipponhyojun.co.jp/johomoral2.0/

授業の展開

1 導入 ⏳ 3min

スライド01

> インターネットとの
> 上手なつきあい方を考えよう

👤 自分で自由に使うことができるインターネットにつながる機器、スマートフォン、タブレット、ゲーム機などが家にありますか。

👤 そのインターネットにつながる機器を毎日利用していますか。

👤 今日は、インターネット機器の上手なつきあい方について考えます。**01**

👤 今日の学習には宿題があります。それは、今日学んだことを家族に伝え、話し合うという宿題です。今日は「家族に何を伝えようか」ということをよく考えながら学習するようにしましょう。

2 展開 ⏳ 39min

👤 ところで皆さんは、インターネット機器は学習以外では何をするために使うことが多いですか。

発言を板書

- ・オンラインゲームで遊ぶため。
- ・LINEなどSNSの利用。
- ・芸能人の投稿を見るため。

👤 インターネット機器を使うときの約束を決めていますか。どんな約束ですか。**02**

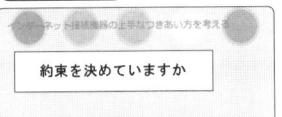

スライド02

> 約束を決めていますか
>
> ・その約束が守れないことが
> 　ありますか。
> ・それはなぜですか。

発言を板書

- ・夜8時までしか使わない。
- ・土日しか見ないようにする。
- ・家族に見てもいいと言われた時間だけ見るようにしている。

👤 その約束を守れないことがありますか。それはなぜですか。

発言を板書

- ●ある
- ・ゲームは、対戦相手があるからやめにくい。
- ・SNSのグループトークは、自分だけではやめにくい。
- ・動画は、キリがいいところまで見たい。

約束が守れないのは理由があるのですね。

 ちなみに、ゲームがやめられないという人はどのくらいいますか。SNS ではどうですか。動画サイトがやめられないという人は。

それぞれ挙手してもらう

 ところで、約束を決めずに長い時間使い続けていると、どのような問題が起きると思いますか。 **03**

発言を板書

・勉強時間が減る。
・睡眠時間が減る。
・生活や健康にいろいろな影響が出てくる。

ここがPOINT

 インターネット接続機器を使うことは悪いことではありません。むしろ、皆さんはこれからインターネット接続機器を上手に活用する力を育んでいかなければいけません。
しかし、約束を決めずに長い時間利用し続けていると、体や心にさまざまな困ったことが起きることがあります。利用が生活や健康に影響を与えるようになることが問題なのです。 **04**

 インターネットの利用が長時間に及ぶと、ネット依存と言われる状態になることがあります。ネット依存とは、「長い時間利用することで自分で利用時間のコントロールが難しくなり、体や心にさまざまな影響が出てくる状態」のことをいいます。 **05**
さまざまな影響とは、具体的には「視力の低下」「姿勢の悪さ」「骨密度の低下」「栄養の偏り」「睡眠障害（夜眠れなくなる）」「成績の低下」「昼夜逆転」「暴言や暴力、嘘をつく」などの症状です。長時間利用が長期にわたり深刻な状態になると、自力で利用がコントロールできなくなり、食事や睡眠なども困難になり、治療が必要になることもあります。
インターネットは利用することが問題なのではなく、約束を決めずに長時間使い続けることで問題が起きてきます。
今日は、インターネットを利用するときの約束を皆さんで考えてみましょう。

スライド03

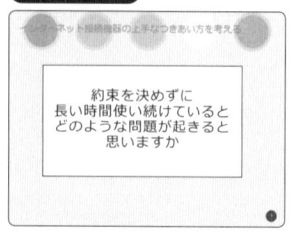
インターネット接続機器の上手なつきあい方を考える

約束を決めずに
長い時間使い続けていると
どのような問題が起きると
思いますか

スライド04

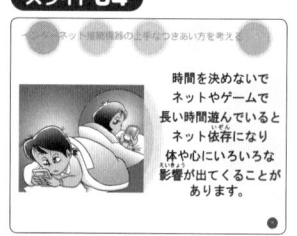
インターネット接続機器の上手なつきあい方を考える

時間を決めないで
ネットやゲームで
長い時間遊んでいると
ネット依存になり
体や心にいろいろな
影響が出てくることが
あります。

スライド05

インターネット接続機器の上手なつきあい方を考える

・自力でネットやゲームをやめることが難しくなり、
ご飯を食べるより眠るより、ネットやゲームをしたいと思うようになることもあります。

スライド06

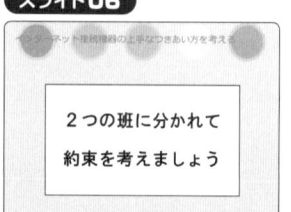
インターネット接続機器の上手なつきあい方を考える

2つの班に分かれて
約束を考えましょう

重要な発問  2つの班に分かれて、約束について考えましょう。 **06**

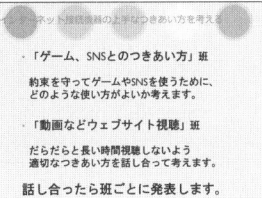

●1つ目の班は、ゲームやSNSとのつきあい方を考えましょう。 **07**

約束を守ってゲームやSNSを利用するためにはどうしたらよいか話し合い、適切な使い方を考えます。

●2つ目の班は、動画などのウェブサイト視聴について考えましょう。

長時間利用にならない適切なつきあい方を話し合って考えます。

では、それぞれ、自分が最もよく利用していると思うテーマの班に分かれてください。

その中でさらに4〜5人程度の班に分かれます。

それぞれの班に内容別のワークシートを配ります。

ワークシートはまず1人で記入し、そのあと班の中で記入した内容を共有しましょう。

（注意）どちらも利用していない児童生徒がいた場合、これから利用する可能性がある班を選んで考えさせてください。

スライド08

話し合い時間20分程度

◆ 約束を考えるときのポイント **08**

「使いすぎないための工夫を考える」「利用時間を明確に決める」

「生活の中の優先順位を考える」

「端末の適切な管理の仕方、使わないときの置き場所を考える」

「約束を守れたときどのような良いことがあるのかを考える」

話し合いが進むよう適時助言してください。特に工夫、利用時間、優先順位を具体的に考えさせてください。

スライド09

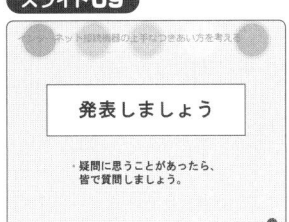

では、班ごとに発表してもらいます。発表は、班ごとに4〜5人ずつ前に出て、ワークシートの「使いすぎないための工夫」「利用時間」「生活の中の優先順位」の3項目を1人ずつ読み上げて発表します。 **09**

発表時間15分程度

◆ 発表のポイント

・授業者や児童生徒は発表ごとに疑問に思う箇所があれば質問してください。

・児童生徒が質問に答えられない場合は、もう少し考えを深めるよう指示してください。

・また、質問は授業者だけではなく、児童生徒が行ってもかまいません。児童生徒の視点から曖昧なルールを指摘してもらうとよいでしょう。

※ワークシート1と2の両方の解答例

- ワークシートの2番：使いすぎないための工夫

  「スマホにタイマーをセットする」「勉強中はネット接続を切る」「SNSの通知を切る」「友人とやり取りできる時間を決めておく」

- ワークシートの3番

  ・利用時間：「平日は1時間以内」「夜8時以降は使わない」

  ・優先順位：「1. 勉強　2. 食事　3. 睡眠　4. 家族の時間　5. 塾、習い事　6. ゲーム」

  ・管理の仕方：「使わないときは親に預ける」「スマホに制限をかける」「寝るときは居間に置く」

- ワークシートの4番：約束を守ることの良さ

  「勉強に集中できる」「夜早く眠れる」「本を読んだり家族と話す時間が増える」

◆ 授業者の質問例

「その約束時間はその工夫で本当に守れますか」「親が留守で預けられないときはどうしますか」

（あらゆる場面を想定した約束や工夫になっているかを問いましょう）

 良い発表でした。皆さんはこれから、今よりもっと上手なインターネット接続機器の使い手にならなければいけません。良い使い手になるためには、守らなければいけない約束があります。約束は縛るためにあるのではなく、より良い使い手になるために必要なのです。ワークシートの4番に書いた約束が守れたときの良いことを意識しながら、これからもメリハリのあるつきあい方について考えていきましょう。

3 まとめと振り返り ⌛ 3min

 今日の学習の感想を発表してください。

発言を板書

・約束を守るための工夫を考えるのは大切だけど、とても難しいと思った。

・生活の中の優先順位は考えたことがなかったのでこれからは意識したい。

・決めた約束が守れるよう自分で毎日よく考えて、1週間後には見直したい。

スライド10

 今日は宿題がありました。
今日の学習で学んだことや気がついたことを、家族に伝えましょう。

 そして、ワークシートの5番に、感想を書いてもらってください。それが今日の宿題です。 10

インターネット接続機器の上手なつきあい方を考える

ここが **イマド**の ポイント

小学校高学年から中学校にかけては、インターネットに接続できる機器の利用が活発になります。平日3時間以上の利用など長時間使用が常習化している小学生も少なくないでしょう。インターネットの利用は、現代の子どもにとっては日常の行為ですが、より良い使い手になるためには「約束を決めて守る」ことが必要であると意識させましょう。

本教材では、利用実態に合わせ、守れる約束を検討していきます。時間をかけ、丁寧に議論させてください。筆者の実践では、児童生徒からの質問やそれに対する発表者の応答が非常に盛り上がりました。

小学校ではワークシートの保護者欄に保護者の感想を書いてもらいます。中学校でもできる限り家庭と学びを共有してください。本書Webサイトに保護者向け文書も用意しています。ワークシートとともに持ち帰り、保護者の方に家庭内での具体的な協力をお願いしてください。

また、本書54ページの「インターネット接続機器が長時間になりがちなお子様のために」という保護者向け文書は、利用時間が長時間傾向の児童生徒の保護者にお渡しください。

ミニコラム ▶ イマドのひとこと

ネット依存

インターネットでの動画視聴やゲームの利用が過度に長時間にならないためには、家庭での保護者の関わりが重要になります。依存傾向が見られる子どもは、家庭に困窮した事情がある場合、または本人の特性に起因する場合が多くあります。個別の課題に応じ、行政の「子ども発達支援」「福祉保健」など担当課と連携し家庭の支援も行ってください。また、医療機関や専門のカウンセラーの助言を受けることも大切です。

保護者の方への助言としては、本書54ページの「インターネット接続機器が長時間になりがちなお子様のために」を参考にしてください。特に、ネット利用の自分史の作成は、インターネット接続機器の利用経過を把握し、使いすぎの要因を知るために有効です。自分史とは依存症治療の一環で、有害事象が時間とともに進む有様を記録することをいいます。「いつから何をどのように使うようになったか」を記入し、ライフイベントとの関連や利用経過を見ることで、使いすぎやストレスにつながる要因に気づくことができます。

また、「使わない時間帯を決める」「優先順位を考える」などの家庭内での具体的な取り決めを子どもと共有してもらいましょう。

▶ 授業展開例（略案）

展開	学習内容	留意点
導入 ⏳ **3**min	1. ● スマホ、タブレットを持っていますか。 ● 毎日利用していますか。 2. 宿題について伝達する。	利用状況には個人差があることに留意する。
展開 ⏳ **39**min	3. ● 何を利用するために使うことが多いですか。 ● 利用するとき、約束を決めていますか。 ● 守れないことがありますか。守れないのはなぜですか。 ● 長時間利用するとどのような影響がありますか。 過度な長時間利用を続けていると、体や心にさまざまな影響が出てきます。長時間利用が長期にわたると、自分では利用がコントロールできなくなり、治療が必要になることもあります。 ゲームがやめられないという人、SNSを長時間利用してしまう人、動画サイトがやめられないという人はどのくらいいますか（それぞれ挙手させる）。 4. 2つの班に分かれて考える。 ● 1つ目の班：ゲーム、SNSとのつきあい方を考える。 ● 2つ目の班：動画などのウェブサイト視聴について考える。 ● いずれも、長時間利用にならない適切なつきあい方について議論、検討する。 5. 班ごとに発表する。 6. 気をつける視点を伝える。 これから、もっと上手なインターネット接続機器の使い手になるために、使っていいときと使ってはいけないときを意識し、メリハリのあるつきあい方を考えていこう。	まったく利用していない児童に配慮する。 「ゲーム、SNS」「サイト視聴」を検討する班に分かれ、それぞれの班に内容別のワークシートを配る。各班では「使い続けてしまう理由」「使いすぎないための工夫」「どのようなつきあい方をするべきか」「その理由」について話し合い、ワークシートに記入する。 ■考えるポイント 「使いすぎないための工夫を考える」 「利用時間を明確に決める」 「生活の中の優先順位を考える」 「端末の適切な管理の仕方、使わないときの置き場所を考える」 「約束を守れたときどのような良いことがあるのかを考える」 話し合いが進むよう適時助言する。特に工夫、利用時間、優先順位を具体的に考えさせる。 ■班ごとに発表する。 授業者や児童・生徒は発表内容に関して随時質問をする。
まとめと振り返り ⏳ **3**min	7. 学習の感想を発表する。 学んだことを家族に伝え、感想を書いてもらう。	家庭と学びを共有する。 1週間後を目安に振り返りシートを書く。

インターネットの利用についてのアンケート ⑤・⑥年生用

名前は書きません。

正直に書きましょう。

当てはまる番号に○をつけてください。

1. あなたの学年、性別は ＿＿＿＿学年　　① 男　　② 女

2. 自分だけのネットにつながる機器を持っていますか。（当てはまるものすべてに○をつけてください）
①　スマートフォン　　②　ゲーム機　　③　音楽プレーヤー
④　タブレット　　⑤　キッズケータイ　⑥　持っていない

3. あなたはLINE（ライン）を使っていますか。　　　　　　　　　① はい　　② いいえ

4. ティックトックをしていますか。　　　　　　　　　　　　　　① はい　　② いいえ

5. オンラインゲームで毎日遊びますか。　　　　　　　　　　　　① はい　　② いいえ

6. 動画を見ることができるネットのサイトで、動画を毎日見ますか。　① はい　　② いいえ

7. 家の人とインターネットを使うときのきまりやルールを決めていますか。
①　決めていて守っている　②　決めているが守れていない　③　特にきまりやルールはない

8. ネットで知り合った人と交流したことがありますか。（当てはまるものすべて○をしてください）
①　ネット上で文字のやりとりをしたことがある　②　名前、住んでいる場所などを教えたことがある　③　写真や動画を送ったことがある　④　会ったことがある　⑤　交流したことはない

あてはまると思う番号①～④のどれかに○をつけてください。

	質　問	ある	少しある	あまりない	ない
9.	ネットにつながる機器を学習のために使っている	①	②	③	④
10.	ネットを使って学習のための情報を調べたり集めたりしている	①	②	③	④
11.	ネットやSNSに写真やコメントを投こうしている	①	②	③	④
12.	ネットにつないで動画やSNSやゲームを、平日2時間以上使っている	①	②	③	④
13.	動画やSNSやゲームを、夜11時をすぎても使っている	①	②	③	④
14.	動画やSNSやゲームを使い始めると、なかなか止められない	①	②	③	④
15.	動画やSNSやゲームを、ふとんの中でも見たり使ったりしている	①	②	③	④
16.	メッセージやLINEの着信に気がついたら、すぐ返信をする	①	②	③	④
17.	使っていない時も、ネットやSNSやゲームのことが気になる	①	②	③	④
18.	ネットやSNSやゲームを使っていない時、不安な気持になる	①	②	③	④

19. インターネットの利用で、不安、心配、悲しい、こまると思うことがあれば書いてください。

（※オンライン学習や新たな使い方にも対応できるように、アンケートを一部改訂しました。）

▶ インターネット接続機器が長時間になりがちなお子様のために

1. ネット自分史と、毎日のネット生活行動記録をつける。
ネット利用の自分史を作成し、毎日のネット利用時間、就寝など生活記録をつけます。

2. 生活の中の優先順位を考える。
今何を優先しなければいけないのかを常に考える習慣をつけましょう。

3. 低学年のお子さんが利用する場所は、家族がいる場所にする。
子ども部屋、寝具の中など目が行き届かない場所での利用を日常にしないようにしましょう。

4. 使わない時間帯と、1日の利用時間上限を決める。
食事中、勉強中、寝具の中など使わない場所、時間を必ず決めましょう。

5. オンラインゲームの課金はしない。
利用するときは少額の限度額を決めて守りましょう。勝手に課金できないようにしてください。

6. ネット利用以外に関心が持てるよう、活動の幅を広げる。
習い事、スポーツ、文化鑑賞、課外活動などさまざまな体験の機会が作れるようにしましょう。

7. 生活の中のストレスの要因を知る。依存要因を知る。
対人関係に不安を感じている、家庭内の悩みなど生活の中でのストレス要因を認知しましょう。

8. 暴力を振るう場合は、第三者に相談する。
医師、カウンセラー、専門家等に相談し、家族だけで抱え込まないようにしましょう。

インターネット接続機器利用の自分史

年　　　　組　名前

年　　月　〜

年 年齢	使用し始めた インターネット接続機器	利用内容・利用状況 具体的に書きます	ライフ・イベント 具体的に書きます

はじめてインターネット接続機器を持ったときから今まで、何歳から何を利用できるようになったか、何を購入したか、機器、ゲームソフト、アプリなど利用の歴史を記録します。同時にそのときのライフイベント（家族行事、家庭内の大きなできごとなど）も記入してください。
自分史は、何がきっかけになり過度な利用につながったのかを知るために、必要な記録です。

▶ ゲーム、SNSとのつきあい方を考える

年	組

名前

1. ゲームやSNSで、使いすぎてしまう理由を書きましょう。

2. 使いすぎないための工夫を考えましょう。

自分の考え	友達の考え

3. どのようなつきあい方をするべきか書きましょう。

利用時間

生活の中の優先順位（勉強、習い事、睡眠など）

端末管理の仕方（置き場所、設定など）

4. 上の**3**の約束が守れたとき、どのような良いことがあるか書きましょう。

5. 家族に、感想を書いてもらいましょう。

▶ サイト視聴などネット利用時の つきあい方を考える

	年　　　　　組
名前	

1. 視聴し続けてしまう理由を書きましょう。

2. 使いすぎないための工夫を考えましょう。

自分の考え	友達の考え

3. どのようなつきあい方をするべきか書きましょう。

利用時間

生活の中の優先順位（勉強、習い事、睡眠など）

端末管理の仕方（置き場所、機能制限など）

4. 上の**3**の約束が守れたとき、どのような良いことがあるか書きましょう。

5. 家族に、感想を書いてもらいましょう。

▶ ネット利用時のつきあい方

	年　　　　組
名前	

1. 使いすぎないためにどんな工夫をしましたか。

工夫 具体的に 書きます	

2. 実行した約束を書きましょう。

実行したのは　　　　　　　日から　　　　　日まで

利用時間

生活の中の優先順位（勉強、習い事、睡眠など）

管理の仕方（置き場所、機能制限など）

3. 守れなかった人は、守れなかった日とその理由を書きましょう。

4. 家族に、感想を書いてもらいましょう。

実践事例 ▶ 6

● 中学校、高等学校

▶ SNSのコミュニケーション

題材目標　対面でのコミュニケーションの重要性を改めて話し合うための機会とする。SNSのコミュニケーションと対面でのコミュニケーションの違いについて検討することで、対面でのコミュニケーションの重要さを再認識させる。

▶ この教材の目指すもの

　内閣府「平成30年度青少年のインターネット利用環境実態調査報告書」（2019年3月）によると、中高生のスマートフォンによるインターネット利用内容において、もっとも割合が多いのが、「コミュニケーション」となっています（小学生の場合は「ゲーム」が最も多い）。中高生のコミュニケーションの多くはSNSを通じて行われています。

　SNSは中高生にとって、あまりに容易に情報が得られ、発信ができ、さらにコミュニケーションができるツールです。また、その利用の多くはスマートフォンで行われており、いつでもどこでも好きなときにコミュニケーションがとれるのです。そのため、目の前に友達がいても話さず、SNSを通じて他の者とコミュニケーションを取るという不思議な状況も珍しくなくなりました。しかし、学校は同年代の者と顔を合わせてコミュニケーションをとる場であり、そのことによって育まれることも多くあります。この授業を通じてSNSのコミュニケーションのメリットとデメリットを理解し、さらに「対面でのコミュニケーション」の大切さを改めて学ぶことがねらいです。

▶ 事前の準備

・本書65ページの事前アンケートを実施してください。
・プレゼンデータ（Webサイト参照）を印刷して黒板に掲示してもよい。

資料ダウンロード用URL ▶
https://www.nipponhyojun.co.jp/johomoral2.0/

授業の展開

1 導入 ⌛ 10min

スライド01

SNSのコミュニケーション

対面でのコミュニケーションとの比較

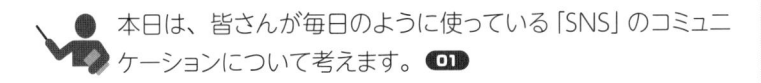 本日は、皆さんが毎日のように使っている「SNS」のコミュニケーションについて考えます。 **01**

スライド02

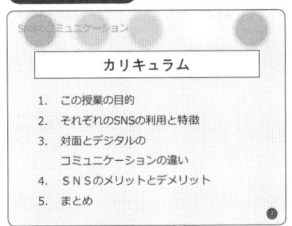

カリキュラム

1. この授業の目的
2. それぞれのSNSの利用と特徴
3. 対面とデジタルの
   コミュニケーションの違い
4. ＳＮＳのメリットとデメリット
5. まとめ

本日のカリキュラムです。 **02**

この授業の目的は、みなさんが「対面でのコミュニケーションと、インターネットを通じたデジタルでのコミュニケーションの使い分けができるようになること」です。 **03**

スライド03

この授業の目的

対面でのコミュニケーションと、
インターネットを通じたデジタルでの
コミュニケーションの
使い分けができるようになること。

インターネットを通じたデジタルでのコミュニケーションとは、皆さんの場合は、SNSのコミュニケーションとなると思います。さて、それぞれのSNSの利用のあり方と、その特徴をはじめに調べてみましょう。 **04**

スライド04

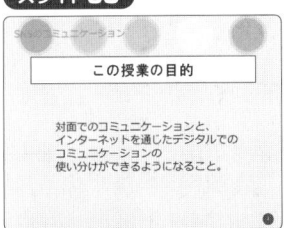

それぞれのSNSの利用と特徴

ＳＮＳの利用のあり方と、その特徴を
調べてみよう。

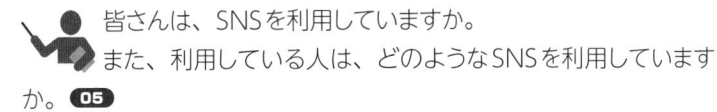 皆さんは、SNSを利用していますか。
また、利用している人は、どのようなSNSを利用していますか。 **05**
（注意）事前にアンケート（本書65ページ）をとり、そのアンケート結果を生徒に予想させるのでもよい。

> 著者が所属校にてとったアンケートによると
> ・SNSを利用していない者はほとんどいない。
> ・LINE、Twitter、Instagram、TikTokの順で利用者が多い。

スライド05

SNSの利用

どのようなＳＮＳを
利用していますか？

 このクラスではLINE、Twitter、Instagram、TikTokがとくに利用者が多いようです。
（注意）事前アンケートからどのSNSが多く利用されているかを把握しておき、それによって教員からの発問を適宜変更する。また、まったく利用していない生徒もいる場合も考えられるため、学校、学級の状況によって検討が必要である。

2 展開　⏳ 30min

スライド06

👤 LINE、Twitter、Instagram、TikTokはそれぞれどういった特徴があるでしょうか。また、使い分けている人もいると思いますが、どのように使い分けているのでしょうか。班でまとめて発表してください。 **06**

◆ **班活動**
① まず1人で考えさせる。
② ワークシート（本書66〜67ページ）の2番に記入させる。
③ そのあと班で話し合って出た意見を発表させる。

発言を板書
・LINE：メッセージを送る、基本的に連絡をするために利用している。
・Twitter：芸能人など著名人の情報収集をするため、または自分と同じ趣味の人とコミュニケーションをするために利用している。
・Instagram：仲間内に自分の撮った写真を見せるため、または芸能人などの写真を見るために利用している。
・TikTok：他人の楽しい動画を閲覧したり、自分のおもしろい動画を見せたりするために利用している。

スライド07

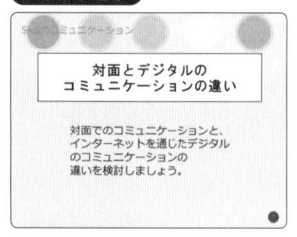

👤 AIの進化が目覚ましいことを皆さん知っていると思います。そのAIがSNSに入ってきたら、人間の代替ができるのではないかということを考えてみたいと思います。 **08**

スライド08

👤 もしTwitterの自分の趣味の情報収集をするための、趣味アカウントなどにおいて、AIがその代替をしていたらどうでしょうか。たとえば、もし自分がわからないことを質問すれば、AIがTwitter上ですぐに返信をしてくれるということであれば、別に人間が回答しなくともよいとも考えることができそうです。

👤 悩みを相談すると、リアルの友達よりずっと汲みとって聞いてくれて、さらに秘密を絶対に守ってくれる、とても優しいAIがいたとします。Twitterではリアルには絶対に会わない人たちとコミュニケーションをすることも多いと思いますが、そのコミュニケーションとAIのコミュニケーションには違いがないと考えられます。
もし、そのようなAIが今後作られれば、SNSなどのコミュニケーションの相手がリアルな人間である必要性があまりなくなり、安全でより正確なAIで代替可能なものが増えてくると考えることができそうです。

📢 以上のようなAIの登場によって、コミュニケーションの相手として AI が人間の代替をすることはできると考えますか、それともできないと考えますか。

●代替できる
・人間より秘密を守ってくれて、良い情報をくれるならば AI でもよいと考える。
●代替できない
・やはり人間ではない者に相談をするのは、不自然であると考える。

📢 SNS などの文字でのやりとりであっても、対面と同じようにコミュニケーションがとれると考えますか。
確かに、SNS では文字列だけではなく、写真や動画を送ることもできます。しかし、対面しないで本心や本音を話し合うことが、デジタルデータでもできるのでしょうか。先ほどの AI との違いは相手が人間であるということです。文字データに追加して写真・動画があったとしても、それはデジタルデータであることが、対面とは違います。

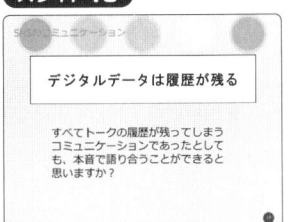

対面のコミュニケーションと
デジタルのコミュニケーション

対面でのコミュニケーションと
デジタルデータによる
コミュニケーションには違いが
あると思いますか?

📢 実際の対面でのコミュニケーションと、SNS などを利用したデジタルデータによるコミュニケーションとの違いはあるのでしょうか、ないのでしょうか。 **09**

●違いはない
・相手は人間であるため、話し合うことができる。
●違いがある
・対面とのコミュニケーションで得られるデータとは違うはずなので、違いがあると考える。

デジタルデータは履歴が残る

すべてトークの履歴が残ってしまう
コミュニケーションであったとして
も、本音で語り合うことができると
思いますか?

📢 デジタルデータでのコミュニケーションは、「データ」として話した内容の「履歴」が残るコミュニケーションです。そのことをふまえて「違いがない」とした人も、もう一度考えてみてください。すべてトークの履歴が残ってしまうコミュニケーションであったとしても、本音で語り合うことができるのでしょうか。 **10**

・トークの履歴が残ってしまうコミュニケーションでは、本音で相談などはできないと考える。

トークの履歴などすべてのデータが残るコミュニケーションは、楽しいコミュニケーションでしょうか。

想像してください。友達との会話が常に記録されて、それが第三者に見られる可能性があるということです。かなり怖いコミュニケーションであると思います。しかし、そのことを意識しないでついSNSに書いてしまうために、トラブルになることがあることは、みなさん知っていると思います。トラブルとなった体験がある人はいませんか。

（注意）もし発表できる生徒がいれば発表をさせる（しかし、トラブルの体験であるため無理に発表をさせたり、話し合いをさせたりすることはしない）。

スライド 11

SNSのメリットとデメリット

SNSのメリットとデメリットを
考えましょう。

重要な発問 SNSのコミュニケーションはどういった意味があるのでしょうか。何のためにするのでしょうか。1日何時間もかけてSNSを見たり書き込んだりする人がいます。他人の食べた食事の写真を見たり見せたり、親しいわけではない人が行った場所を見たり見せたりすることに、どういった意味があるのでしょうか。

しかし、メリットもあると思います。あなたの考えるメリットとデメリットを考えてまとめましょう。 **11** **12**

スライド 12

SNSのメリットとデメリット

SNSのメリットとデメリットを
挙げてみましょう。
それを見てあなたが思うことを
話してみましょう。

◆ **班活動**

① まず1人で考えさせる。
② ワークシートの6番に記入させる。
③ そのあと、班で話し合って出た意見を発表させる。

発表を板書

● メリット
・写真や動画を送ることができたり、地図を送ることができたりすることで、データとしてのメリットがある。
● デメリット
・履歴が残ってしまうということを意識していないことが多い。

---

3 まとめと振り返り ⏳ **10**min

SNSのコミュニケーションのメリットとデメリットをこの授業では考えました。非常に進化したデジタルでのコミュニケーションであるといえます。しかし、このような進化したデジタルでのコミュニケーションがつくられたとしても、対面でのコミュニケーションは必要であると考えます。SNSのコミュニケーションのメリットとデメリットから、あなたがわかったこと、考えたことをワークシートの6番に書きましょう。 **13**

スライド 13

まとめ

SNSのコミュニケーションの
メリットとデメリット

皆さんは今、学校で学んでいます。基本的に、中学校では通学して学び、クラスの仲間がいます。高校も多くの場合、通学をして学びます。通信制の学校もありますが、スクーリングがあり、生徒が集まって学ぶ時間もとっています。

さて、なぜ集まって学ぶのでしょうか。

それは同年代の人と出会い、コミュニケーションを通じて学ぶことがあるからです。

デジタルでのコミュニケーションが進化したとはいえ、現代の科学では、対面のコミュニケーションとまったく同等の体験はできません。よって、SNSのコミュニケーションも皆さんが挙げてくれたようなメリットもありますが、対面でなければ得られないこともあることを忘れてはいけません。

対面でのコミュニケーションによって育まれるものの1つに社会性があります。このスキルは、学校を卒業した後、社会に出たときに非常に重要とされるスキルであり、皆さんが幸せになるためのスキルの1つともいえます。それはSNSを通じてよりも、対面のコミュニケーションによって育まれるのです。

デジタルのコミュニケーションに比べ、対面でのコミュニケーションは面倒だと感じるところもあるかもしれませんが、非常に大切なものだと知ってほしいと思います。

実践事例 ▶ 6

SNSのコミュニケーション

ここが**イナガキ**のポイント

　SNSは中高生により良い学校生活を送るために必要なツールとなりました。しかし、デメリットも多くあります。たとえば、授業で触れたように、履歴が残るコミュニケーションであるため、細心の注意を払う必要があります。信頼できる仲間との会話だからこそ、それが大きなトラブルへと発展する事例も多くあります。また、授業ではあまり触れていませんが、過度なSNS利用から、ネット依存へと陥ることもあります。ネット依存となってしまうことで、仲間とコミュニケーションをとるなど、より良い学校生活を送るための社会的スキルである「学校生活スキル」にも影響を与えるとする

研究結果も示されています。現実の（対面）コミュニケーションをとらず、SNSのコミュニケーションばかりとるようになることも多いのです。

　中高生が同年代の友人と対面でコミュニケーションをすることは、改めて語る必要のないくらいに大切であることは周知の事実です。おそらく生徒もなんとなくそれには気づいてはいるのです。しかし、手軽でありいつでもどこでもコミュニケーションがとれるSNSは便利であり、そちらに流されてしまいます。だからこそ、改めて対面でのコミュニケーションの重要性を生徒に知らせ、学ばせる授業としました。

▶ 授業展開例（略案）

展開	学習内容	留意点
導入 ⏳ 10min	1. ● SNSを利用していますか。また、利用している人はどのようなSNSを利用していますか。	事前にアンケートから「どのようなSNSが人気と考えるか」と尋ねてもよい。
展開 ⏳ 30min	2. SNSでのコミュニケーションについて検討をする。 ● このクラスではLINE、Twitter、Instagram、TikTokがとくに利用者が多いようです。まず、それらの役割の違いについて検討をしましょう。 ● それぞれは、どういった特徴があるでしょうか。また、どのように使い分けているのでしょうか。班でまとめましょう。 3. AIとSNSについて考える。 ● 人間よりも優秀なAIの登場によって、SNSでのコミュニケーションの相手として人間の代わりをすることができると考えますか。 4. 対面とデジタルのコミュニケーションについて考える。 ● 対面でのコミュニケーションと、デジタルデータによるコミュニケーションの違いはあるのでしょうか。 ● すべての履歴が残ってしまうコミュニケーションであったとしても本音で語りあうことができるのでしょうか。 ● すべての履歴が残ってしまうコミュニケーションであるために嫌な経験をした人はいますか。 ● SNSによるコミュニケーションのメリットとデメリットはなんですか。	事前アンケートからどのSNSが多く利用されているかを把握しておく。それによって発問のアプリを変更する。まったく利用していない生徒もいる場合はその配慮が必要である。 多くの生徒は使い分けていると考えられる。また、利用していない生徒も班単位の話し合いであるため、検討ができる。 相手の顔も見えないSNSのコミュニケーションは、相手が仮にAIであっても気づかないのではないか、と考えさせる契機となる。 デジタルデータであることが、次の発問であるデジタルデータは「消えない」ということに気づかせる。デジタルデータはすべて履歴が残るということを再確認させる。 この発問は全員に答えさせるのではなく、自分の経験を話してもよいという生徒に限って発表させる。誰もいなくともこの発問から自分の体験を思い出す契機となる。 多くの時間を費やしていることに気づかせる。さらに、本当に大切な対面でのコミュニケーションに時間をかけるべきであることを理解させる。
まとめと振り返り ⏳ 10min	5. ● どんなにデジタルのコミュニケーションが発達しても、対面のコミュニケーションも大切です。SNSのメリットとデメリットを踏まえて適切に利用することを心掛けましょう。	学校では対面でのコミュニケーションをする場であり、そのコミュニケーションを大切にしてほしいという気持ちを教師から伝えることもよい。

▶ SNSのコミュニケーション

組　　　　　番

名前

1. あなたはSNSを利用していますか?　　　　　　　　　はい　・　いいえ

2. 利用している人は、以下のSNSのうちどれを利用しているか、○をつけてください。
また、それ以外のSNSを利用している人は（　　　）の中に書いてください。

LINE　・　Twitter　・　Instagram　・　Facebook　・　TikTok
（　　　　　　　　　　　　　　　　　　　　　　　　　　　　　　）

3. あなたはSNSを1日何時間何分くらい利用していると思いますか。（スマートフォンの
設定から確認することもできます。）

（　　　　時間　　　　分）くらい

4. SNSの利用において以下の経験をしたことがありますか。経験したことがある内容が
書かれている項目に ☑ を入れましょう。（答えられる範囲で答えてください。）

☐ SNSの利用が原因で、何度か学校をずる休みしたことがある。

☐ SNSの利用が原因で、健康を損ねてしまったことがある。

☐ SNSの利用が原因で、試験を失敗したことがある。

☐ SNSの利用が原因で、友達を失ったことがある。

☐ 授業中は除いて、起きている間中ずっとスマホでSNSを見ている気がする。

☐ ひまさえあれば、スマホでSNSを見ている気がする。

☐ 誰かのSNSの更新や連絡があると、すぐに確認をしてしまう。または確認をしたい気
持ちになる。

☐ 自分はSNSに依存していると思う。

☐ この中にはないが、トラブルを経験したことがある（具体的に書ける人は書いてくだ
さい）。

▶ SNSのコミュニケーション

組　　　　番

名前

1. あなたはSNSを利用していますか。利用している人はどのようなSNSを利用しているか記入してください。

利用している　・　利用していない

利用しているSNSの種類

2. それぞれのSNSの特徴と役割の違いを書きましょう（利用していない人は同じ班の人に聞いてみましょう）。

- _____ (　　　　　　　　　　　　　　　　　　　　　　　　　　)
- _____ (　　　　　　　　　　　　　　　　　　　　　　　　　　)
- _____ (　　　　　　　　　　　　　　　　　　　　　　　　　　)
- _____ (　　　　　　　　　　　　　　　　　　　　　　　　　　)
- _____ (　　　　　　　　　　　　　　　　　　　　　　　　　　)

3. あなたが利用しているSNSのコミュニケーション相手がAIであるとしたら、どう思いますか。状況別に検討をしてみましょう。

4. デジタルデータでのコミュニケーションと、対面でのコミュニケーションの違いはありますか。

違いがある　・　違いがない

その理由

5. デジタルデータのコミュニケーションは履歴が残ります。そのことによるメリットとデメリットを検討してください。

メリット	デメリット

6. SNSのコミュニケーションにはどういった意味があるのでしょうか。SNSのコミュニケーションのメリットとデメリットをまとめましょう。

メリット	デメリット

あなたがわかったこと、考えたこと

<宿題>先生の意見を受けてあなたがもった意見や、この授業の感想を書きましょう。

● 中学校、高等学校

クラスグループの是非

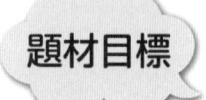

題材目標 クラスでメッセージアプリによるグループを作る際に、入りたい人や入りたくない人がいる場合、入れたい人や入れたくない人がいる場合について検討をして、よりよいメッセージアプリのグループの運営について検討する。

▶ この教材の目指すもの

　中高生のコミュニケーションで、メッセージアプリは欠かせません。特にLINEは多くの中高生に利用され「青少年のネット利用実態把握を目的とした調査　平成30年最終報告書」（LINE株式会社2019年3月）によると、1日1回以上LINEを利用する割合は、中学校1年生で80.7%、高校1年生で92.8%です。メッセージアプリにはグループ機能が備わり、友達同士でグループを作り、グループの外からは見えない形でトークしています。

　メッセージアプリのグループは生徒の自治に任され、そのグループに入るか入らないか、さらに入れたいか入れたくないかは、生徒間で決められ、そこにいじめが起きることが考えられます。また、上述の調査の「もしあなたがされたとしたら嫌だと感じるものは何でしょうか（高校生のみの質問）」という質問の回答に「入っていないグループトーク内で、自分の悪口をいわれた」「グループトークから、かってにはずされた」などのグループに関する回答が多いのです。グループのさまざまな状況を検討し、他者の気持ちを思いやってメッセージアプリを利用できるようになることが、この教材のねらいです。

▶ 事前の準備

・本書75ページの事前アンケートを実施してください。
・プレゼンデータ（Webサイト参照）を印刷して黒板に掲示してもよい。

資料ダウンロード用URL ▶
https://www.nipponhyojun.co.jp/johomoral2.0/

授業の展開

1 導入 ⏳ 5min

スライド01

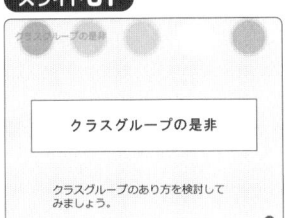

クラスグループの是非

クラスグループのあり方を検討してみましょう。

この授業は、皆さんが毎日使っているメッセージアプリのグループのあり方を検討します。**01** **02**

この授業の目的は、メッセージアプリのグループ機能によるトラブルが起きる前に未然に防ぐことです。グループ機能についてまとめてみましょう。**03** **04**

スライド02

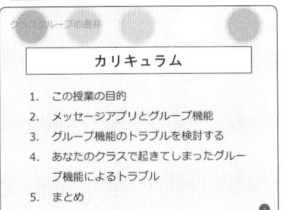

カリキュラム

1. この授業の目的
2. メッセージアプリとグループ機能
3. グループ機能のトラブルを検討する
4. あなたのクラスで起きてしまったグループ機能によるトラブル
5. まとめ

メッセージアプリのグループ機能を利用していますか。利用している人は、いくつグループがあるか数えてみましょう。**05**
（注意）事前にアンケートをとり、結果を予想させてもよい。

このクラスには全員が入っているクラスのグループがあるようです。そのグループについて検討をしましょう。
（注意）事前アンケートで、あるかないかを聞いておく。1人でも「ない」とある場合には、その生徒に事前指導が必要となる。

スライド03

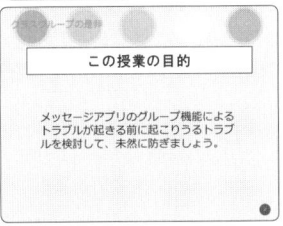

この授業の目的

メッセージアプリのグループ機能によるトラブルが起きる前に起こりうるトラブルを検討して、未然に防ぎましょう。

スライド04

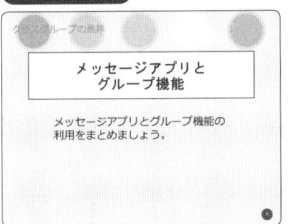

メッセージアプリとグループ機能

メッセージアプリとグループ機能の利用をまとめましょう。

スライド05

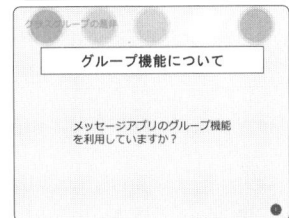

グループ機能について

メッセージアプリのグループ機能を利用していますか？

2 展開① ⏳ 20min

スライド06

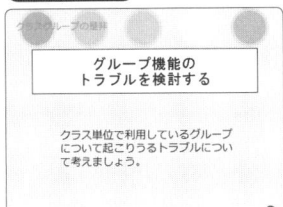

グループ機能のトラブルを検討する

クラス単位で利用しているグループについて起こりうるトラブルについて考えましょう。

これから、このクラスのことではなく、ある架空のクラスで起きた、グループにおけるトラブルについて検討をします。**06**

あなたは自分のクラスのグループに入っています。あなたのクラスは40人ですが、そのグループに入っている人は35人です。その残りの5人のうち入りたいと思っている人もいるようです。その人を入れないことは、いじめ（問題）であると思いますか。**07**

発言を板書

●いじめ（問題）である
・理由はクラス連絡なども行われることもあるのだから、入りたいなら入れてあげるべきだ、など。
　　（注意）ほとんどの生徒は、入れないことはいじめ（問題）であり、入れるべきだと考える。

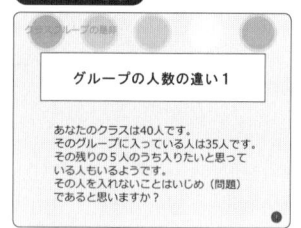

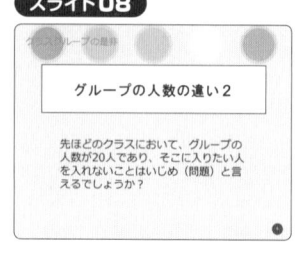

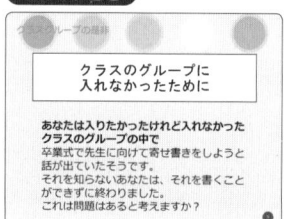

では、このクラスのグループの人数が20人であり、そこに入りたい人を入れないことは問題でしょうか。いじめといえるでしょうか。 **08**

発言を板書

● いじめ（問題）である

・クラスのグループだといっているのなら、入れてあげないのは問題であり、いじめであると考える。

● いじめ（問題）ではない

・20人ということは、仲良しのグループで作っていることも考えられる。もしその中に入ってほしくない人がいる場合、入れないとしても問題ではないし、いじめではない。

いじめではないとした人たちは、自分がグループの中の人である前提で考えていると思います。もし、あなたが現在クラスグループに入っておらず、入れてほしいと思っているのに、断られたとしたならばどのように感じますか。

発言を板書

・入れてほしいのに入れてもらえないのは、悲しい気持ちになる。

・どうしても入れたくないのなら、そのようなグループには入らなくてよいと考える。

20人のグループの状況が続いており、あなたは結局入りませんでした（入れてもらえませんでした）。
そのときにあなたの知らないところで、卒業式で、先生に向けて寄せ書きをしようと話が出ていました。そして、それをグループのメッセージで知っていた人たち、さらにそのグループに入っていなくとも、友達から聞いた人たちは卒業式前日の放課後に寄せ書きを作ることができました。それを知らなかったあなたを含め数人は、結局先生に向けて感謝の言葉も書くことができずに、先生にクラスから寄せ書きをプレゼントすることになってしまいました。先生にとても感謝をしていたあなたは、寄せ書きを書くことができず悲しい気持ちになりました。この場合、問題はありますか。 **09**

発言を板書

・問題がある

（注意）問題がないとする生徒もいると考えられる。そのようなグループの人たちと寄せ書きなど書きたくもない、などといった意見も出ることが考えられる。しかし、先生に感謝の気持ちを書けなかったことは悲しいのではないかと尋ねると、多くの生徒は、それは「悲しい」と答えると考えられる。

では、実はあなたはこのグループに入りたくなかったとします。あなたの考えで入らなかった場合はどう考えますか。
たとえば、その20人の中にあなたが嫌う人がおり、入らなかった、ま

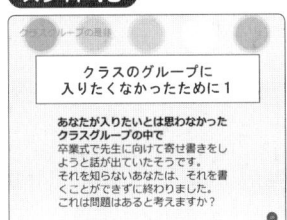

たはなんとなく面倒であった、などという場合などです。そのときに、グループの中で寄せ書きを作ろうという話が持ち上がり、あなたはその寄せ書きに参加できなかった場合は、どのように考えますか。**10**

発言を板書

●問題がある
・寄せ書きなどは対面で話すべき。
　（注意）しかし、ここで、「実際に話し合うと先生にサプライズにできないかもしれないために、グループを使ったのかもしれないね」とコメントをするのもよい。

●問題ない
・それは自分で入らなかったのだから仕方がない。

 このようにグループに入らなかった人に対して配慮が必要であると考えますか。**11**

発言を板書

●必要ない
・自分で入るか入らないか決めることができる状態であれば、その配慮は必要がない。
　（注意）この意見が大多数となる。しかし配慮が必要であるとする生徒もいると思うので、それを受けて次の質問をする。

配慮が必要であるならば、どういう配慮が必要なのでしょうか。
（注意）発表をしてもらわずに、少し時間をおいて考えさせる。

考える時間を与える

グループを作る際に「ルールを作ろう」と言われることもあるかもしれませんが、実際にルールを決めてからグループを作っている人はほとんどいないと思います。

クラスの人は全員友達ですか。クラスメイトであっても友達ではない人もいると思います。それを前提で考えると、クラスのグループのあり方も考えることができるのではないでしょうか。

3　展開② ....  ⌛ **15**min

 次に、あなたが自分のクラスの学級委員長になったつもりで考えてください。

先ほどと同じように、あなたのまとめるクラスには40人中20人入っているクラスのグループがあります。そこに入っていない生徒の1人が、自分が入れてもらえないことを不満に思い、あなたに相談をしてきました。また、あなたはそのクラスのグループには入っています。

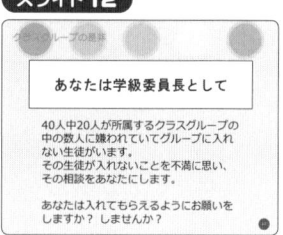

その20人のグループのうちの数人の生徒に状況を尋ねました。するとその相談してきた生徒は、そのグループの何人かの生徒に嫌われており、入れたくないという意見があったので、入れなかったという経緯だそうです。このような経緯があったとしても、あなたはこのグループにいる他の生徒に、その相談をしてきた生徒を入れるようにお願いをしますか。しませんか。 **12**

発言を板書

●お願いをしない

・クラスの半数である20人なので、全員が入っているわけではないのだから、入れるか入れないかは自由と考えられる。クラスのほとんどの生徒が入っているのなら問題だが、そうではないのだから問題はない。

　（注意）この意見が大多数となる。しかし配慮が必要であるとする生徒もいると思うので、それを受けて次の質問をする。

　あなたは、その生徒に、嫌われている事実などを話すことはせず、入れてもらえない場合もあり得ることを話しました。その後、その生徒はそれが契機となって、学校を休み始めてしまいました。

　そこで、このことをクラスで話し合い「入れてあげよう」という結論となりました。もともとその生徒が嫌いで入れたくなかった生徒は釈然としない表情をしていましたが、とくに反対意見を出してきませんでした。

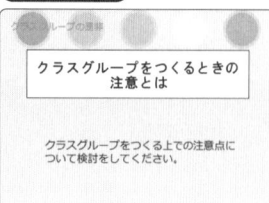

重要な発問 クラスのグループはこのように難しい問題が生じることがあり得ます。クラスのグループを作る際にどのようにすればよいか、どのような点に注意をすればよいのかを検討してください。 **13**

◆ **班活動**

① まず1人で考えさせる。

② ワークシート（本書77ページ）の7番に記入させる。

③ そのあと班で話し合って出た意見を発表させる。

発表を板書

・話し合われたことは、クラスの学級会などで共有化する。

・話し合われたことを書き出して貼り出す。

・クラスグループを作ることをやめる。

　（注意）実際にできそうもないことを発表する場合も多い。まとめにあるような意見が出ることもあるが、その場合は、その意見を捕捉しながらまとめを述べるとよい。

　（注意）ワークシートの7番の「自分の意見」「他の生徒の意見」を書かせた後に、次の「まとめ」を伝えてください。

4 まとめと振り返り ⌛10min

スライド14

まとめ

クラスのグループを運営する
ときの注意点とは？

クラスのグループを作らないことで解決はできるかもしれません。しかし、禁止をしても作られると考えられます。よって、クラスのグループはクラスの一員であれば、誰でも入ることも入らないことも自由なグループとして作ることがよいと思います。

また、そこは話し合いの場ではなく、クラスの連絡用の場として利用するのが一番よく、実際に議論をしたいときは、対面でクラスの活動として行いましょう。

クラスの全員が必ず仲良く友達になれるとは限りません。そのことから、クラスのグループは連絡用にすることが望ましいと考えます。

そしてグループに入っていない人にも配慮をして、朝のホームルームなどで、そのお知らせをすることがよいと考えますが、いかがでしょうか。あなたの考えを書きましょう。**14**

実践事例 ▶ 7

クラスグループの是非

ここが
イナガキの
ポイント

メッセージアプリのクラスのグループは作られることが多いです。このグループは閉じられた話し合いの場であり、トラブルも起きています。トラブルが生じていても、教員など大人は気づかず、解決がしにくい状態です。よって、トラブル事例を事前に検討し、自分たちで予防、解決ができる状況にすることが重要です。

中学、高校生となると、クラス内の人間関係は複雑化します。また、グループを作ることを禁止できません。仮に禁止しても作られ、それを大人は気づけません。メッセージアプリのグループは実際の友達内で作られ、誰かとグループを作れと強制することもできません。これは実際の友達のグループを作るのと同じことだからです。友達を作るのが苦手な生徒もいれば、多くのグループに顔を出すような社交的な生徒もいます。そういった特性がそのグループの数に反映されることもあります（ただ無意味なグループをたくさん作る生徒もいます）。

以上から、クラスのグループは連絡用にすることをすすめます。基本的に入るか入らないかは自由であり、そしてそこで連絡されたことは、グループに入っていない生徒にも伝わる配慮をすることを呼びかけることが大切です。また、このグループのトークはデジタルデータであり、実際の友達同士の話し合いと違い、履歴が残ることを伝えましょう。だからこそ、話し合いは口頭で行うことをすすめます。表情の見えない場での何気ない一言が、知らずに誰かを傷つけることもあり、その履歴が残るためです。

この実践を行う際には「事前アンケート」を必ず行い、生徒の情報を得ておきましょう。それは、スマホを所持していない生徒や、メッセージアプリのグループ機能を利用していない生徒などに、個別の対応が必要なためです。そういった生徒には、授業前に授業の概要と「もし、あなたがメッセージアプリを利用していたならば、どのように考えたり行動したりするだろうか、と仮定として考えてほしい」などと伝えておきましょう。事前に知っておくことで、その生徒は疎外感なく授業に参加できます。

▶ 授業展開例（略案）

展開	学習内容	留意点
導入 ⏳**5**min	● メッセージアプリのグループ機能を利用していますか。 また、利用している人は、いくつグループがあるか数えましょう。 ● このクラスのメッセージアプリのグループについて検討をします。	利用していない生徒への配慮が必要。
展開① ⏳**20**min	● このクラスのことではなく、ある架空のクラスで起きた、グループにおけるトラブルについて検討をします。 ● あなたのクラスは40人ですが、そのグループに入っている人は35人です。その残りの5人のうち入りたいと思っている人もいるようです。その人を入れないことはいじめ（問題）であると思いますか。 ● このクラスのグループの人数が20人であり、そこに入りたい人を入れないことは問題ですか。また、いじめといえますか。 ● もし、あなたが現在クラスグループに入っておらず、入れてほしいと思っているのに、断られたとしたならばどのように感じますか。 ● あなたは、グループに入れなかったために、卒業時の寄せ書きに参加できませんでした。これは問題であると考えますか。 ● 実はあなたはこのグループに入りたくなかったとします。あなたの考えで入らなかった場合はどう考えますか。 ● グループに入らなかった人に対して配慮が必要であると考えますか。もし、配慮が必要であるとしたならば、どういった配慮が必要なのでしょうか。 ● クラスメイトであっても友達ではない人もいると思います。それを前提で考えると、クラスのグループのあり方も考えることができるのではないでしょうか。	ここからの話は架空の話であることをきちんと伝える。実際に現状としてトラブルとなっている可能性もあるためである。実際にトラブルとなっているときにこの題材を取り扱うかどうかの判断を事前にしておく。
展開② ⏳**15**min	● 次にあなたはクラスの学級委員長になったつもりで考えてください。 ● あなたのまとめるクラスのグループがあり、そこに入っていない生徒の1人が、入れてもらえないことを相談してきました。グループに所属する生徒に聞くと、その生徒は嫌われており、入れたくないという意見があったとのことでした。それでも他の生徒に、その相談をしてきた生徒を入れるようにお願いをしますか。 ● その生徒はさらに学校を休み始めてしまいました。よって、皆で話し合い、入れようということになりました。 ● クラスのグループはこのように難しい問題が生じることがあり得ます。クラスのグループを作る際にどのようにすればよいか、どのような点に注意をすればよいのかを検討してください。	踏み込んだトラブル事例であるために、発問の仕方は工夫が必要である。
まとめと振り返り ⏳**10**min	● クラスのグループを作らないことで解決はできるかもしれません。しかし、禁止をしても作られると考えられます。よって禁止することはよい解決策とはいえないでしょう。 ● グループに入っていない人にも配慮をして、連絡がある際には、朝のホームルームなどで、そのお知らせをすることがよいと考えますが、いかがでしょうか。あなたの考えを書きましょう。	生徒の個人意見をプリントに書かせる。

▶ クラスグループの是非

組　　　　　番

名前

1. あなたはメッセージアプリのグループ機能を利用していますか。また利用している人はグループの数はいくつありますか。（　　　）に書きましょう。

はい　・　いいえ　　　グループ数（　　　　　）

2. あなたの所属しているクラス用のグループについてたずねます。

グループがあることを知っている。　　　　　　　　　　　　　はい　・　いいえ

そのグループにはあなたは入っていますか。　　　　　　　　　はい　・　いいえ

そのグループには何人が所属していますか。グループが複数ある場合は最大のグループの人数を教えてください。　　　　　　　　　　　　　（　　　　　）人

グループに入っている人が答えてください。

そのグループでは、1日平均どれくらいの会話がなされていますか。吹き出しの数を数えてみてください。　　　　　　　　　　　　（　　　　　）個

グループに入っていない人が答えてください。

あなたはそのグループに入りたいですか。　　　　　　　　　はい　・　いいえ

3. メッセージアプリの利用で、以下の経験をしたことがありますか。経験したことがある内容が書かれている項目に☑を入れましょう。

（答えられる範囲で答えてください。）

☐ メッセージアプリの利用が原因で、何度か学校をずる休みしたことがある。

☐ メッセージアプリの利用が原因で、友だちを失ったことがある。

☐ メッセージアプリの連絡があると、すぐに確認をしてしまう。

☐ メッセージアプリの連絡があると、勘違いをして何度も確認をしてしまうことがある。

☐ この中にはないが、メッセージアプリでトラブルを経験したことがある。（具体的に書ける人は書いてください。）

▶ クラスグループの是非

	年　　　　　組
名前	

1. あなたのクラスにメッセージアプリのグループがあり、40人中35人が入っています。その残りの5人のうち入りたいと思っている人もいるようです。その人を入れないことはいじめ（問題）であると思いますか。その理由は何ですか。

いじめ（問題）である　・　いじめ（問題）ではない

> 理由

2. 1.のグループの人数が20人の場合、そこに入りたい人を入れないことはいじめ（問題）であると考えますか。　　　　いじめ（問題）である　・　いじめ（問題）ではない

> 理由

3. あなたが入っていないクラスグループにて、卒業式で、先生に向けて寄せ書きをすることが決まりました。グループに入っていないあなたを含め数人は、その寄せ書きをサインすることなく帰ってしまい、書くことができませんでした。この場合、問題はありますか、ありませんか。　　　　　　　　　　問題がある　・　問題がない

> 理由

4. 実はあなたは3.のグループに入りたくなかったとします。あなたの考えで入らなかった場合はどう考えますか。そのときに、同じようにグループの中で寄せ書きの話が出て、あなたは書けなかった場合はどのように考えますか。

問題がある　・　問題がない

> 理由

5. グループに入らなかった人に対して、配慮が必要であると考えますか。

必要である　・　必要がない

> 理由

6. あなたのクラスには 40 人中 20 人入っているクラスのグループがあります。そこに入っていない生徒の一人が、自分が入れてもらえないことを不満に思い、学級委員である、あなたに相談をしてきました。入れない理由をグループ内の生徒に聞いてみると、その生徒を嫌っている生徒がグループ内にいるためなのだそうです。その生徒を入れるように、そのグループの人にお願いをしますか。

お願いをする　・　お願いをしない

> 理由

7. クラスのグループはこのように難しい問題が生じることがあります。クラスのグループを作る際にどのようにすればよいか、どのような点に注意をすればよいのかを検討してください。自分の意見、他の生徒の意見、先生の意見をまとめましょう。

自分の意見

他の生徒の意見

先生の意見

<宿題>先生の意見を受けて、あなたがもった意見やこの授業の感想を書きましょう。

● 中学校、高等学校

▶ 自分スマホ利用調査

題材目標 自分のスマートフォンなどの利用状況を客観的に確認することで、適切にインターネット利用ができているかどうかを自分で判断させる。そして、有意義なスマートフォンの利用ができるようになる。

● この教材の目指すもの

　中学生、高校生がスマートフォンなどでインターネットを利用し続けることで日常生活や社会生活に悪影響が及ぶ、いわゆるインターネット依存の問題が指摘されています。中学生、高校生の社会生活の中心は学校生活であり、その学校生活とインターネット依存との関連として、橋元ほか（2014）はインターネット依存にある者は友人関係の満足度が低いことを示し、稲垣ほか（2017）はインターネット依存傾向にある者は学校生活をよりよく過ごすための、学校生活スキルが低くなるとしています。この教材では、中学生や高校生の学校生活やそこでの友人関係とインターネット利用や依存との間に関連があると考え、学校での授業の実践を通して、スマートフォンなどでのインターネット利用の改善を目指しています。

● 事前の準備

・プレゼンデータ（Web サイト参照）を印刷して黒板に掲示してもよい。
・スマートフォンを持つ生徒には授業1週間くらい前に、スマートフォンの利用時間などを計測できるよう設定をしてもらう。またはアプリのインストールの依頼をする（iPhone では「スクリーンタイム」、Android では「Digital Wellbeing」や「Action Dash」などのアプリ）。
・上記のアプリや事前アンケート（本書85ページ）を利用して1週間分の利用時間をあらかじめ記録しておくのもよい。

資料ダウンロード用URL ▶
https://www.nipponhyojun.co.jp/johomoral2.0/

授業の展開

1 導入 .... ⏳ 5min

スライド01

スライド02

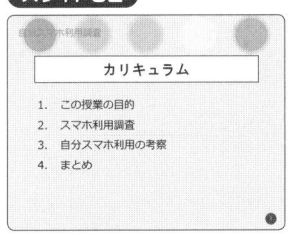

スライド03

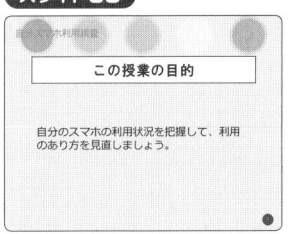

スライド04

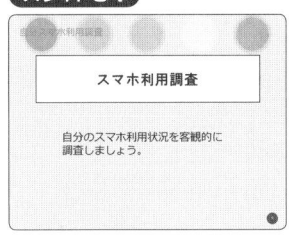

スライド05

 この授業は、自分のスマホの利用状況を調査して分析をします。 **01**

 この授業のカリキュラムです。 **02**

 この授業の目的は、自分のスマホの利用状況を把握して、利用のあり方を見直すことです。 **03**

事前アンケート「自分スマホ利用調査」を確認しましょう。 **04**

(注意) アンケートを事前に回収、集計しておくことが望ましいが、実際にその場で書かせ、集計をしてもよい。

インターネットを多くの人が利用していると思います。利用している人はどのような機器を使って利用しているか教えてください。 **05**

> 著者が所属校にてとったアンケートによると、
> ・ほとんどの生徒はスマートフォンを利用している (著者の所属する高校の生徒)。
> ・スマートフォンと合わせて、タブレットやゲーム機、パソコンなどによる利用者もいる。

今日は、皆さんが最も利用しているインターネット端末である、スマートフォンの利用について調査をして、そのあり方を検討します。

(注意) 先に述べたアプリなどを利用して利用時間をプリントに書き出したり、PC室で実習ができるのならば表計算ソフトに入力をさせたりするのでもよい。まったく利用していない生徒もいることが考えられるので、学校、学級の状況によって検討が必要である。

（注意）以下は著者の所属する高校の生徒1学年分（約310人）のデータである。

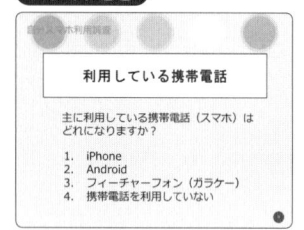

 あなたが主に利用している携帯電話はどれですか。**06**

（注意）挙手などによってその場で集計をする。

集計を板書

・iPhone　　　　　74.6%　　　・Android　　24.6%
・フィーチャーフォン　0%　　　・なし　　　　0.8%（本校）

 多くの人がスマートフォンを持ち、その中でもiPhoneとAndroidでほとんどですね。

 1週間で何時間利用していましたか。スマートフォンの表示ではどうなっていますか。

・平均32時間　最長約90時間　最短2時間10分（著者の所属校の場合）

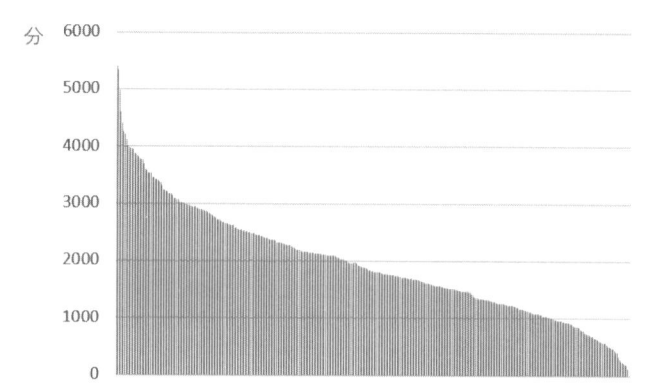

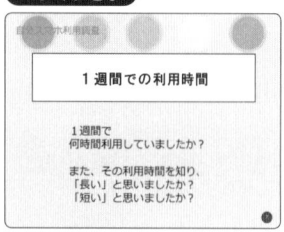

 利用時間は、自分が思ったより長いですか。短いですか。**07**

・（多くの生徒は）長い。

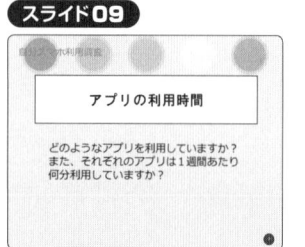 そうですね、思ったよりも「長い」とする人が多いようです。それはなぜ「長い」と感じるのでしょうか。**08**

発言を板書

・集中して操作するため、思ったよりも時間を使っている。
・アプリからのお知らせや着信があり、高い頻度で操作をする機会があるから。

 どのようなアプリを利用していますか。**09**

・著者の所属する高校のデータより

アプリ	延べ人数	平均利用時間（1週間）
LINE	308人	180分
YouTube	308人	742分
Twitter	224人	344分
Safari	214人	264分
Instagram	177人	232分
写真	170人	82分
Chrome	78人	299分
Google	67人	294分
TikTok	35人	176分
ポケリス	39人	50分

他多数

スライド 10

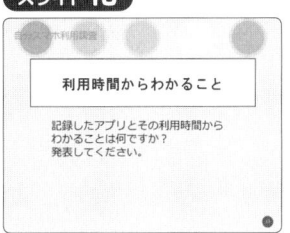

このデータからわかることは何ですか。**10**

（注意）ここではパッと見てわかることを発表してもらう。

発表を板書

・SNSを利用している時間が長い。

・動画を視聴している時間が長い。

・多くの人が同じようなアプリを利用していることがわかった。

スライド 11

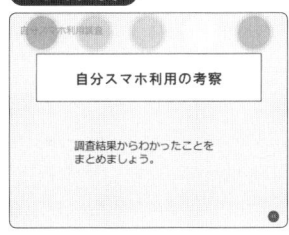

ほかにも多くのことをこれらのデータから読み取れると思います。読み取れたことを記述して、あなたの考えを書きましょう。**11**

記述をさせる

（注意）ここでは、生徒が分析をしてわかったことをレポートの形にしてまとめさせる。

スライド 12

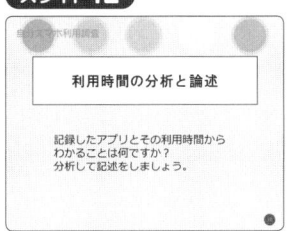

このようにデータの入力を週1回行います。皆さんのデータがどのように変化をしていくのかがとても楽しみですね。そのたびにデータからわかることを記述してください。前回のデータと比較をしてもよいでしょう。**12**

（注意）もし生徒がPCを利用できる環境であれば、さらに自分のデータを表計算ソフトなどに数回のデータを入力させ、分析をさせる。さらに、教員にスキルがあるのならば、生徒からのデータをすべて回収し、そのデータを匿名化して直した後に、全員分のデータを生徒に渡して分析をさせる。

（注意）数学や情報で行うならば、統計分析の手法を行って、さまざまな視点から分析をさせるとよい。

（注意）数回のデータの入力が終わった後に以下の発問をする。もし、1回の授業でしか取り扱えないのであれば、以下の発問は必要ない。

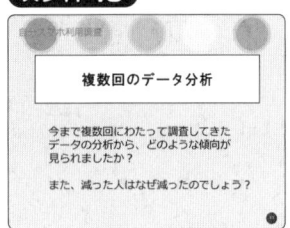

何回かデータを取りました。どのような傾向がみられましたか。また、減った人はどうして減ったのでしょうか。13

発言を板書

・利用する時間の統計をとっているために、利用時間を意識するようになったため。

そのとおりです。利用時間を意識したために、無駄に長かった利用時間を減らすことができたと考えることができます。
（注意）利用時間は減っていく生徒が多い。体感で調査した場合だけでなく、客観的なデータで調査をしてもそのようになる傾向がある。

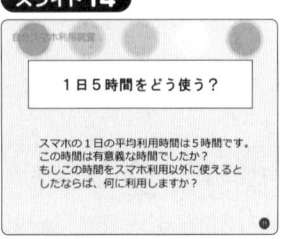

重要な発問 **およそ1日平均5時間程度のスマートフォン利用があるようです。この時間が有意義な時間であれば、問題はないと思います。さて、この1週間で、スマートフォンを使って何をしましたか。利用したアプリや利用時間を確認しても、明確には思い出せない人も多いと思います。しかし、利用時間は長いのです。もし、あなたの1週間のスマートフォンの利用時間をほかのことに当てたならば、何ができますか。考えてください。14**

◆ **班活動**
① まず1人で考えさせる。
② ワークシート（本書87ページ）の5番に記入させる。
③ そのあと班で話し合って出た意見を発表させる。

発表を板書

・1日5時間毎日勉強したら相当できるようになる。
・最近忙しいと思っていたが、もしスマートフォンを利用する時間を減らせれば、この忙しさは減らすことができるのかもしれない。
（注意）ワークシートの5番の「自分の意見」を書かせた後に、次の「まとめ」を伝えてください。

3 まとめと振り返り ⏳ 10min

スマートフォンは時間泥棒であると表現をする人がいました。なぜそのような存在になったのでしょうか。それはあまりに多機能で便利なものだからです。他者とコミュニケーションをとることも、音楽を聴くことも、動画を観たり撮ったりすることも、ゲームをすることも、なんでもできてしまいます。しかも、それは片手で持つことができるくらいに小さいために、携帯性がありどこにでも持ってい

まとめ

あなたの時間は有限なのです。

くことができるのです。そのような何でもできるものだからこそ、つい利用時間が伸びてしまいます。確かにそのような便利なものだからこそ利用時間が長いというのは当然かもしれません。しかし、利用しているアプリや時間をみて、ついつい使ってしまっているということはありませんか。その利用時間を少し減らすことができて、その時間を有効に使うことができたならば、よいと思いませんか。

あなたのその若い時間は有限です。人生は限られた時間しかありません。その時間をどのように過ごすかを決めることも大切だと思うのです。スマートフォンばかりに使ってしまっていてはもったいないと思うのですが、あなたはどう思いますか。**15**

実践事例 ▶ 8

自分スマホ利用調査

　スマートフォンは中高生にとってなくてはならないツールです。だからこそ使い過ぎが問題となっています。授業でも触れていますが、非常に便利なツールです。だからこそ、ついつい長い時間利用してしまいますし、時間を減らそうと思ってもそう簡単に減らすことができるものではありません。よって、この授業のように利用時間を調査することによって、自分の利用時間を振り返り、利用のあり方を検討することは非常に大切であるといえます。

　以前、流行したダイエットの方法の1つに、常に体重や食べたものなどを記録し続けていくものがありました。特にダイエットは意識せずに欠かさず記録をつけていくというものです。するとなぜだか体重が落ちていき、その効果も高いといわれていました。本授業は、このダイエットの仕組みに近い考え方のもので、スマートフォンの利用時間のダイエットといえます。特に教師側から利用時間を減らすことを強く促すことはしません。しかし、生徒は利用時間を

意識することで、利用時間が減っていくということを狙っています。

　スマートフォンを有効利用すればよいという考え方もあります。確かにそのとおりであり、有効に、有意義に利用している生徒も多くいると思います。しかし、すべての利用がそうでしょうか。今回アプリごとに利用時間を調査したのはそこに理由があります。有意義に利用していると自分では思っていても、実は、ダラダラと使ってしまっている時間も多くあることがわかるはずです。「スマートフォンを（勉強など）有効利用している」という免罪符を与えるのではなく、本当に有効利用をしているのかを、まず生徒は自分のデータから振り返る必要があるのです。

　まとめでも触れていますが、利用時間が長いことをもったいないと思う気持ちをもたせることができれば、この授業をきっかけに、生徒は無駄に長い利用を改めて、有意義な利用をしてくれるようになるでしょう。

▶ 授業展開例（略案）

展開	学習内容	留意点
導入 ⏳ **5**min	● インターネットをどの機器を使って利用していますか。 ● 今日は、皆さんが最も利用しているインターネット端末である、スマートフォンの利用について調査をして、その利用のあり方を検討します。	「iPhone・Android・その他のスマホ・フィーチャーフォン・利用していない」から挙手をさせてもよい。しかし、利用していない生徒への配慮が必要である。
展開 ⏳ **35**min	以下のアンケートを事前にとっておく。 ● あなたが主に利用している携帯電話はどれですか。 ● 1週間で何時間利用していましたか。 ● その利用時間をみて、あなたは自分が思ったより長いですか。短いですか。 ● 「長い」または「短い」と感じたのはなぜでしょうか。 ● どのようなアプリを使っていますか。 ● 記録したアプリとその利用時間からわかることはなんですか。 ● 記録したデータからわかることを考察し、レポートにまとめましょう。 何回かこの実習を実施できる場合、以下の2つをさらに発問してください。 ● データの入力を週に1回行います。皆さんのデータがどのように変化するのかが楽しみです。 ● 何回かデータを取りました。どのような傾向が見られましたか。 ● 多くの人の利用時間は長かったと思います。その利用時間をほかのことに当てたならば、何ができますか。	アンケートを事前に回収しておくことが望ましいが、実際にその場で書かせ（PCなどで入力させ）集計をしてもよい。 週平均32時間程度利用している。 多くの生徒が思ったよりも自分の利用時間が「長い」と感じることが多いようである。それを踏まえて、理由を尋ねる。 利用しているアプリやその利用時間がわかること、さらに考察したことを分ける。できれば生徒に分析をさせて、表やグラフを作成させるとなおよい。 もし生徒がPCを利用できる環境であれば、さらに自分のデータを表計算ソフト等に数回のデータを入力させる。 教師に統計のスキルがあるのならば、生徒からのデータをすべて回収し、そのデータを分析し提示してもよい。 さらに、回収したデータを匿名化して直した後に、生徒に渡してデータを分析させる実習を入れるとよい（数学や情報の授業内で統計の実習として実施も可能であると考える）。 何回かデータを取ると減少していく傾向がみられる生徒が多い。 1日当たり平均約5時間スマホを利用しているため、その時間をほかのことに当てることができたならば、と聞く。
まとめと 振り返り ⏳ **10**min	● 自分が利用しているアプリや時間をみて、ついつい使ってしまっているということはありませんか。その利用時間を少し減らすことができて、その時間を有効に使うことができたならば、よいと思いませんか。 ● その時間をどのように過ごすかを決めることも大切だと思うのですが、あなたはどのように考えますか。あなたの考えを書きましょう。	生徒に意見を尋ねて、それをワークシートに書かせる。また、教師の意見を伝える。

▶ 自分スマホ利用調査

	組	番
名前		

1. この調査は何回目ですか。　　　　　　　　　　　　　（　　　　　）回目

2. あなたが主に利用している携帯電話はどれですか。

iPhone ・ Android ・ その他のスマホ ・ フィーチャーフォン ・ 利用していない

3. スマホを利用している人はスマートフォンを見て以下の質問に答えましょう。

週の合計利用時間は何時間何分になっていますか。　　（　　　　時間　　　　分）

4. あなたが利用しているアプリとその1週間当たりの利用時間を記してください。利用時間が長い順番に記します。表示されているところまで記入しましょう。

(　　　　　　　　　　　　　　　　　　　　)	(　　時間　　分)
(　　　　　　　　　　　　　　　　　　　　)	(　　時間　　分)
(　　　　　　　　　　　　　　　　　　　　)	(　　時間　　分)
(　　　　　　　　　　　　　　　　　　　　)	(　　時間　　分)
(　　　　　　　　　　　　　　　　　　　　)	(　　時間　　分)
(　　　　　　　　　　　　　　　　　　　　)	(　　時間　　分)
(　　　　　　　　　　　　　　　　　　　　)	(　　時間　　分)
(　　　　　　　　　　　　　　　　　　　　)	(　　時間　　分)
(　　　　　　　　　　　　　　　　　　　　)	(　　時間　　分)
(　　　　　　　　　　　　　　　　　　　　)	(　　時間　　分)

合計　（　　時間　　分）

5. あなたが利用しているアプリのジャンルと1週間当たりの利用時間を記してください。スマホに表示されているデータか、上の4.を参考にしながら記入してください。

エンターテイメント (動画・音楽・カメラなど)　　　　　　（　　時間　　分）
ゲーム (ジャンル問わず)　　　　　　　　　　　　　　　　（　　時間　　分）
SNS (LINE、Twitter、Instagramなど)　　　　　　　　（　　時間　　分）
読書と調べもの (ブラウザ、kindle、乗り換え案内など)　（　　時間　　分）
教育 (勉強アプリ、辞書など)　　　　　　　　　　　　　　（　　時間　　分）
仕事効率化 (予定表やメモなど)　　　　　　　　　　　　　（　　時間　　分）
健康とフィットネス (万歩計、体重記録など)　　　　　　　（　　時間　　分）
その他 (上述の範囲に入らないもの、設定など)　　　　　　（　　時間　　分）

合計　（　　時間　　分）

自分スマホ利用調査

	年	組
名前		

1. 利用時間は自分が思ったより長いですか、短いですか?

長い ・ 短い

2. なぜそのように感じたのかを、書いてください。

3. あなたが利用しているアプリやそのジャンル、またその利用時間を見てわかることは何ですか。また、複数回調査した場合、どのように変化をしていますか。気づいたことを箇条書きにしましょう。

(例:ゲームを利用している時間が最も長い　など)

-
-
-
-
-
-
-

4. 実際の利用時間や3.の気づいたことから、読み取れたことを書いてみましょう。

3.のようにさっと気づくことではなく、総合的に検討をしてください。

(例：ゲームの利用時間が最も長く、SNSは2番目であった。しかし、SNSは着信が気になったり、着信があって実際に見たりする回数は一番多いと読み取れる　など)

5. スマホの利用時間 (平均は1日5時間程度) をほかの時間として利用したとしたならば、何ができますか。

自分の意見

先生の言葉のまとめ

 付録

※本書89〜93ページに掲載の資料は、下記のWebサイトよりダウンロードできます。

p.89 ネット利用のセキュリティガイド（保護者向け文書）

p.90-91 帰りの会カード

帰りの会など短時間で利用する振り返りカードです。実践事例を学習したあと、学んだことを振り返るために定期的に活用ください。携帯したり拡大し掲示することもできます。

《帰りの会カードの使い方》

実践事例1　ゲーム、ネットを使うときは	実践事例2　約束を守るために
使う時間が守れなかった場合、その理由を意識し、理由を乗り越えるためのくふうを書かせてください。 ●まもるためのくふう　回答例 「家族に声をかけてもらう」「ゲームは時間がきたらセーブ」「見る動画を決めておく」「スマホやタブレットにタイマーをセット」	ネット利用の約束はなぜ必要なのかを振り返り書かせてください。 ●なぜ約束は必要なのか　回答例 「約束を決めずに使っていると課金されるなど怖いことが起きたり健康にも影響が出てくるかもしれないから」「本を読むなど他のことをする時間を作ることができるから」
実践事例3　動画投こうアプリを利用するとき	実践事例4　SNSでやり取りするとき
利用時に気をつけるポイントを確認して書いておきます。 ●どのようなことに気をつけるか　回答例 「顔や名前など個人情報が写り込んでいないか確認する」「顔の写った写真や動画は投稿する前に許可をもらう」「いいねやコメントを気にしすぎない」「見続けてしまわないよう時間を決めておく」	SNSでやり取りをする際、気をつける視点を振り返り書いておきます。 ●SNSのグループを作るとき　回答例 「グループを作りすぎない」「仲間外しと誤解されるようなグループは作らない」「通知機能を活用し振り回されない」 ●SNSを利用していない人とのコミュニケーション　回答例 「SNSを使っていない人にも情報が伝わるようSNSだけでやり取りしない」「直接話す」
実践事例5　ゲーム・ネットとの上手なつきあいかた	実践事例6　SNSのコミュニケーション
ゲーム、ネットと上手につきあうことでどのようなメリット（良いこと）があるのか、良さを生かした使い方を振り返り書かせてください。 ●どのような良いことがあるか　回答例 「勉強に集中できる」「夜早く眠れる」「友人もやり取りを早く終えることができてお互い他のことをする時間ができる」	対面でのコミュニケーションの大切さと、SNSなどのデジタルによるコミュニケーションのメリットとデメリットについて振り返ります。 ●対面とデジタルによるコミュニケーションの違いを書きましょう　回答例 「デジタルのコミュニケーションは履歴が残るが、対面でのコミュニケーションは履歴が残らないことが多い。」 ●SNSのメリットとデメリット　回答例 メリット「写真や動画や地図を送ることができる。」 デメリット「証拠が残ってしまうことを意識していないことが多い。」

p.92-93 インターネットの利用についてのアンケート（中学生・高校生用）

※インターネットの利用についての小学校保護者向けのアンケートは、下記のWebサイトよりダウンロードできます。

資料ダウンロード用URL ▶

https://www.nipponhyojun.co.jp/johomoral2.0/

保護者のみなさまへ

運動会の写真を SNSへアップする前に・・・

保護者間の連絡や子どもの成長を多くの人へ気軽に見てもらえるなど、SNSはとても便利なツールです。

便利だからこそ上手に利活用しましょう。

写真を悪用されたり、学校や同級生に迷惑をかけたり、人間関係のトラブルにつながるかもしれません。

上手に活用するためのSNS利用時チェック

1. 投稿のルールを学校に確認しましたか

肖像権の関係で学校行事、児童生徒の写真、動画などの撮影やネット投稿が不可のクラス、学年があります。必ず確認しましょう。

2. 誤解につながる内容ではないですか

投稿が陰口、うわさ話、無視と誤解されて、トラブルにつながる可能性もあります。SNSの利用は個々に価値観も使用状況も違います。人それぞれ考え方や受け止め方は異なることを意識し、送り手に配慮しながら投稿マナーを守って利用しましょう。

3. ネットは世界中に開かれた世界です

あらゆる立場の人に見られる可能性があり、足あとが残るネット社会。投稿は記録され残り続けます。情報社会を生きる子どもたちの手本となる利活用を、大人が率先して示していきましょう。

帰りの会カード ▶ 実践事例 1
ゲーム、ネットを使うときは

◆ 使う時間はまもれましたか

   まもれた (^-^)　　まもれなかった (/ _ ;)

◆ まもれなかった理由を書きましょう

◆ まもるためのくふうを書きましょう

帰りの会カード ▶ 実践事例 2
約束を守るために

◆ ネット利用の約束を書きましょう

◆ なぜ、その約束は必要なのか書きましょう

帰りの会カード ▶ 実践事例 3　動画投こうアプリを利用するとき

◆ 写真や動画を投こうするときは、どのようなことに気をつけますか

  （投こうする内容、個人情報、アプリとのつきあい方など、くわしく書きます）

帰りの会カード ▶ 実践事例 4

SNSでやり取りするとき

◆ SNSのグループを作るときには、どのようなことに気をつけますか

◆ SNSを利用していない人とのコミュニケーションでは、どのようなことに気をつけますか

帰りの会カード ▶ 実践事例 5

ゲーム・ネットとの上手なつきあいかた

◆ 平日の利用時間の約束を書きましょう

◆ 約束が守れたら、どのような良いことがあるか書きましょう

帰りの会カード ▶ 実践事例 6　SNSのコミュニケーション

◆ 対面でのコミュニケーションと、デジタルでのコミュニケーションの違いを書きましょう

◆ SNSによるコミュニケーションの、メリットとデメリットを書きましょう

メリット	デメリット

▶ インターネット利用についての アンケート 　中学生・高校生

無記名です。

あなたが回答した内容は、個人の情報として他に知られることはありません。
次の項目について、当てはまるものを選び、その番号に○をつけてください。

1. あなたの学年は、性別は　　　　　　学年　　　① 男　　　② 女

2. あなたは部活動をしていますか。（引退した場合は以前の）
　① 運動部　　② 文化部　　③ していない

3. あなたは、自分だけのネットにつながる機器を持っていますか。（当てはまるものはすべて○
をつけてください）
　① スマートフォン　　② ゲーム機　　③ 音楽プレーヤー　　④ タブレット
　⑤ その他　　⑥ 持っていない

4. あなたはLINEを利用していますか。　　　　　　　① はい　　　② いいえ

5. LINEの友達登録数は何人ですか。　　① なし　　② 1〜20　　③ 21〜50
　④ 51〜100　　⑤ 101〜200　　⑥ 201〜

6. LINEのグループ数はいくつありますか。　　① なし　　② 1〜5　　③ 6〜10
　④ 11〜20　　⑤ 21〜50　　⑥ 51以上の場合は数を書いてください　（　　　　）

7. Twitter（ツイッター）に登録していますか。　① 登録している　　② 登録していない

8. Twitter（ツイッター）の登録アカウント数は　① なし　② 1　③ 2〜5　④ 6〜

9. Instagram（インスタグラム）のアカウントを作っていますか。　① はい　② いいえ

10. Tiktok（ティックトック）のアカウントを作っていますか。　① はい　② いいえ

11. オンラインゲームで毎日遊んでいますか。　　　　① はい　　　② いいえ

12. 保護者とインターネットを使うときのきまりやルールを決めていますか。
　① 決めていて守っている　　② 決めているがあまり守れてない
　③ 特にきまりやルールはない

13. インターネット上での悪口や陰口について答えてください。（当てはまるものはすべて○をつ
けてください）
　① 送られた経験がある　　② 送った経験がある
　③ 友達などで見たことがある　　④ 見たことはない

14. ネット上で知り合った人と交流したことがありますか。（当てはまるものはすべて○をつけてく
ださい）
　① ダイレクトメッセージで交流したことがある　　② 個人情報を送ったことがある
　③ 写真や動画を送ったことがある　　④ 会ったことがある
　⑤ 交流したことはない

裏面へ続く

以下の9つの項目について、最もあてはまる気持ちに〇をつけてください。

	項　目	あてはまる	少しあてはまる	あまりあてはまらない	あてはまらない
15.	いつもネットやスマートフォン、ゲームのことが頭から離れない	①	②	③	④
16.	ネットやスマートフォンを利用していないと落ち込んだり不安になったりする	①	②	③	④
17.	ネットやスマートフォンが気になって他のことに集中できないことがある	①	②	③	④
18.	送ったメッセージの返信が来ないと不安になる	①	②	③	④
19.	メッセージの着信、返信が気になって何度もチェックしてしまう	①	②	③	④
20.	送ったメッセージの返信が来ないとイライラすることがある	①	②	③	④
21.	ずっと誰からも返信が送られてこないと不安になる	①	②	③	④
22.	対面のコミュニケーションはネットでのコミュニケーションより苦手だ	①	②	③	④
23.	ネットのコミュニケーションが増え、対面での対話を避けたくなっている	①	②	③	④

以下の9の項目について、最もあてはまる行動に〇をつけてください。

	項　目	あてはまる	少しあてはまる	あまりあてはまらない	あてはまらない
24.	ネットを使ってオンライン学習をしている	①	②	③	④
25.	ネットを使って学習のための情報を検索、収集している	①	②	③	④
26.	SNS上に投稿や書き込みをすることが多い	①	②	③	④
27.	ネット、スマートフォン利用が深夜12時を超えることが多い	①	②	③	④
28.	ネット、スマートフォンを使い始めるとなかなか止められない	①	②	③	④
29.	LINEなどによるメッセージのやり取りが1時間以上続くことが多い	①	②	③	④
30.	ネット利用時間がいつも予定より長くなる	①	②	③	④
31.	人と会っている時も着信、メッセージ、LINEなどが来たら確認する	①	②	③	④
32.	着信、メッセージ、LINEなどに気づいたらすぐ返信、応答する	①	②	③	④

33. あなたは、自分がネットに依存していると思いますか。　　① はい　　② いいえ

34. 自分が依存している状態であることを問題だと思いますか。　　① はい　　② いいえ

35. インターネット利用で不安、心配、悲しい、困ると思うことがあれば、具体的に書いてください。

参考文献

1. 今度珠美、稲垣俊介『スマホ世代の子どものための主体的・対話的で深い学びにむかう情報モラルの授業』日本標準（2017）**[序章]**

2. 今度珠美、坂本旬、豊福晋平、芳賀高洋『デジタル・シティズンシップ教育をモデルにした新たな情報モラル教育を実現するための理論的要件の検討』日本教育工学会研究会 18-5、285-290（2018）**[序章]**

3. 坂本旬、今度珠美『日本におけるデジタル・シティズンシップ教育の可能性』法政大学キャリアデザイン学会、生涯学習とキャリアデザイン第16号1巻（2018）**[序章]**

4. 文部科学省『小学校学習指導要領』『中学校学習指導要領』（ともに平成29年3月告示）の情報教育・ICT活用関連部分（2017）**[序章]**

5. 荒木紀幸『新モラルジレンマ教材と授業展開』明治図書（2017）**[実践事例2〜4]**

6. 内閣府『平成30年度青少年のインターネット利用環境実態調査報告書』（2019）**[実践事例1〜8]**

7. LINE株式会社『青少年のネット利用実態把握を目的とした調査 平成30年最終報告書』（2019）**[実践事例7]**

8. 橋元良明、小室広佐子、大野志郎、天野美穂子、河井大介、堀川裕介『平成23年度共同研究報告書 インターネット利用と依存に関する研究報告』安心ネットづくり促進協議会 インターネット使用が青少年に及ぼす悪影響に関する実証調査【最終報告】（2014）**[実践事例8]**

9. 稲垣俊介、和田裕一、堀田龍也『高校生におけるインターネット依存傾向と学校生活スキルの関連性とその性差』日本教育工学会論文誌40（Suppl.）、109-112（2017）**[実践事例6、8]**

10. 鶴田利郎、山本裕子、野嶋栄一郎『高校生向けインターネット依存傾向測定尺度の開発』日本教育工学会論文誌37（4）、491-504（2014）**[巻末アンケート]**

▶ 協力

　本書89ページ掲載の保護者向け**[ネット利用のセキュリティガイド]**の作成にあたり、ネットセキュリティの専門家である奥山 歩氏（合同会社Never Cry代表）に助言をいただきました。ここに感謝いたします。

おわりに

　本書は2017年に出版した『スマホ世代の子どものための主体的・対話的で深い学びにむかう　情報モラルの授業』の続編ですが、未来を見据えた情報社会に必要な視点を取り入れた新しい教材集となっています。

　筆者である今度と稲垣は、日々多くの子どもたちと接し、授業実践を行っています。本書の教材は、毎日の実践の繰り返しの中から生まれてきたので、今の子どもたちのリアルな実態やジレンマが反映されています。

　また、生まれてきた教材は、全国各地の先生方に実際に授業していただきました。先生方からいただいた感想やご意見は、随時教材に反映し改善を繰り返してきました。その結果、多様な児童生徒の応えを反映することができました。

　しかし、毎回悩むことがありました。学んだことは実生活で生かせているのか、ということです。そのため、ワークシートを改良したり、振り返りシート、帰りの会カードなどを作成したりするなど、試行錯誤は続きました。

　授業研究は、到着地点のない遥かな旅のようです。どのようなツールを使い、どのような道をたどるのか悩みはつきません。議論をつくしても納得の得られる結果が出せず、道に迷うことも多々ありました。それでも旅を続けたいと思うのは、日々出会う目の前の子どもたちが情報社会を生きる上でメディアと人との善きあり方を探り、ソーシャル・メディアを仲介した人と人との善き関係を構築できる幸せな使い手になってほしいと心から願わずにはいられないからです。そのために私たちにできることを、これからもじっくりと続けていきたいと思います。

　本書の執筆にあたり、各地での授業実践でご協力ご助言をいただきました先生方、そして子どもたちに心からお礼を申し上げます。

　また、いつも無理ばかりお願いする私たちに、丁寧に対応してくださいました日本標準の企画編集部の皆様、そして、常に励まし支えてくださいました皆様へも深い感謝の気持ちを申し上げたいと思います。ありがとうございました。

2019年11月

　　　　　　　　　　　　　　　　　　　　　　　　　　　　　　今度珠美
　　　　　　　　　　　　　　　　　　　　　　　　　　　　　　稲垣俊介

著者プロフィール

今度珠美（いまど たまみ）

鳥取県情報モラルエデュケーター、国際大学グローバル・コミュニケーションセンター客員研究員。鳥取大学大学院地域学研究科修了、修士（教育学）。

全国の小中高等学校で、年間150校を超える「情報モラル教育」「デジタル・シティズンシップ教育」の授業実践、教員研修や保護者講演会のほか、教材研究、教材開発、新聞連載等を行っている。また開発した教材は学習デジタル教材コンクールで情報研最、日本教育新聞社賞を受賞。情報モラル教育推進事業検討委員（文部科学省）等歴任。主な著書：『スマホ世代の子どものための主体的・対話的で深い学びにむかう情報モラルの授業』（共著、大月書店）、大月書店）。著書Webサイトhttps://tamamiimado.net

稲垣俊介（いながき しゅんすけ）

東京都立高等学校情報科主任教諭。また、筑波大学と國學院大學にて情報科教育に関わる講座を担当している。学校現場で10年以上にわたって、「情報モラル教育」を実践するとともに、教員や保護者向けの講演をしている。学術誌への論文掲載、学会発表、一般誌や新聞等への掲載や著稿も多数おこなっており、また高等学校の教科書『新 情報の科学』（日本文教出版）の執筆協力委員である。主な著書：『スマホ世代の子どものための主体的・対話的で深い学びにむかう情報モラルの授業』（共著、日本標準）。

東京都教育委員会認定講師、東京都では情報教育の手引き『作成委員、法務省推進協議会教材作成部会（法務省）等の活動も行っている。また、東北大学大学院情報科学研究科人間社会情報科学専攻情報メディア文化論研究室の博士後期課程にて情報教育の研究を続けている。著書Webサイト（https://inagaki-shunsuke.jp）にて、授業の動画や教材を配信している。

監修者プロフィール

原 克彦（はら かつひこ）目白大学教授

兵庫県公立学校事務職員、同左小学校教諭、尼崎市教育委員会指導主事、鳴門教育大学学校教育研究センター客員研究員、園田学園女子大学助教授等を経て、現在目白大学メディア学部メディア学科教授同教育研究所所長、日本教育工学協会評議員、情報ネットワーク教育活用研究協議会理事ほか。

主な著書：『個人情報漏洩・拡散編（気をつけよう！情報モラル第2期）』（汐文社）、『はじめよう！総合的な学習（イラスト指導案集）』（高校社）、『先生のためのインターネット活用ガイドブック』、『実践インターネット講座：テキスト』（NHK出版）ほか多数。

前田康裕（まえだ やすひろ）熊本市教育センター主任指導主事

公立小中学校教諭、熊本大学教育学部附属小学校教諭、熊本市立向山小学校教頭、熊本大学教職大学院准教授を経て、2021年4月から現職。

自分自身で描いたまんがによる多数を世に出しながら、ICTを効果的に活用した新しい教育と社会の在り方についての実践研究を行っている。主な著書は『まんがで知る教師の未来への学び1〜3』『まんがで知るデジタルの学び』（さくら社）ほか多数。

編集協力

カバーデザイン●トップスタジオデザイン室（轟木亜紀子）／本文デザイン●トップスタジオデザイン室（徳田久美）
イラスト●前田康裕／DTP●株式会社トップスタジオ

スマホ世代の子どものための 情報活用能力を育む
情報モラルの授業 2.0

2019年12月 1日 第1刷発行
2022年 2月 5日 第3刷発行

著 者　今度珠美・稲垣俊介
監 修　原 克彦・前田康裕
発行者　河野晋三
発行所　株式会社日本標準
　　　　〒167-0052 東京都杉並区南荻窪3-31-18
　　　　TEL：03-3334-2640（編集）
　　　　　　　03-3334-2620（営業）
　　　　URL：http://www.nipponhyojun.co.jp/

印刷・製本　株式会社リーブルテック

ISBN 978-4-8208-0683-7

◆ 乱丁・落丁の場合はお取り替えいたします。